Ruder- und Riedfrösche

Dr. Hans-Joachim Herrmann

Paarung des Dreifarbigen Madagaskarriedfrosches *(Heterixalus tricolor)*

Dr. Hans-Joachim Herrmann

RUDER-
UND
RIEDFRÖSCHE

Baumfrösche mit
interessantem Verhalten
für attraktive Terrarien

Meinen Moskauer Eltern

Alle Fotos stammen vom Autor
(bis auf die Abbildungen von *Boophis rappoides, Boophis viridis,
Heterixalus betsileo, Heterixalus andrakata, Heterixalus boettgeri*
sowie eines Biotops von Madagaskar, für die
Herrn Frank Glaw, Köln, herzlicher Dank gilt)

Impressum

© 1993 **Tetra-Verlag**
Tetra-Werke Dr. rer nat. Ulrich Baensch GmbH
Herrenteich 78 · 49304 Melle, Germany

Alle Rechte der Verbreitung, einschließlich Film, Funk und Fernsehen
sowie des auszugsweisen Nachdrucks vorbehalten.

Satz und Layout: Fotosatz Hoffmann, Hennef
Lithos: Flotho Reprotechnik, Osnabrück
        Fotosatz Hoffmann, Hennef
Druck: EGEDSA, Sabadell (Barcelona), Spanien
DLB 6560-1993

ISBN 3-89356-160-9

INHALT

Gemalter Riedfrosch *(Hyperolius picturatus)*

Vorwort

In den letzten Jahren hat sich der Kreis der Froschliebhaber unter den Terrarianern bedeutend vergrößert. Die meisten bevorzugen Baumsteigerfrösche oder bizarre Laubfrösche. Doch auch Ried- und Ruderfrösche findet man immer häufiger in den Terrarien: Ihre Nachzuchten werden in Zoohandlungen angeboten und gern gekauft. Insbesondere die Riedfrösche übertreffen die südamerikanischen Baumsteiger in Färbungs- und Zeichnungsvielfalt.

Nirgendwo gibt es noch einmal so intensiv und bunt gezeichnete Tiere in der Ordnung Anura. Auch die Ruderfrösche stehen ihnen nicht nach: Sie zeichnen sich aus durch ein besonders interessantes Fortpflanzungsverhalten, oft verbunden mit dem Bau von Schaumnestern, und die gelegentlich bei ihnen zu beobachtende Fähigkeit, mit Hilfe weit aufgespannter Zehenhäute von Bäumen herabzuschweben.

In der Kulturgeschichte jener Völker, die seit Jahrtausenden in Nach-

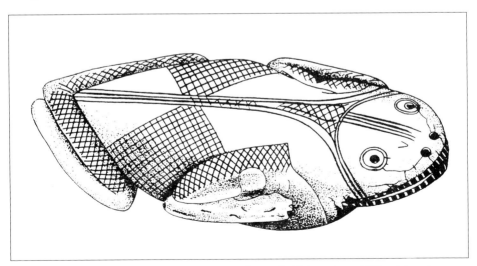

Kitende, ein in Elfenbein geschnitzter Frosch (nach Biebuyck und Hirschberg)

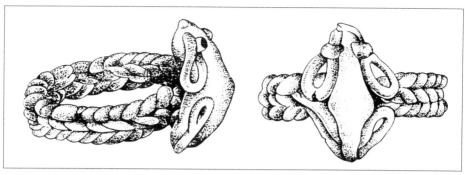

Messingfingerring der Bamun mit einer Riedfroschdarstellung (typische Ruhehaltung eines Hyperoliden erkennbar) (nach Hirschberg)

barschaft mit Ruder- und Riedfröschen leben, sind nur wenige Mythen, Bräuche und Ansichten in bezug auf diese Tiere überliefert.

Vom Bwama-Bund im Kongo (Zaïre) ist bekannt, daß junge, gesellschaftlich aufstrebende Menschen eine Elfenbeinschnitzerei bei sich tragen. Diese sogenannte Kitende stellt den Frosch als Symbol eines Initiators für neue, gute Begebenheiten dar. „Isilia", „mutuku" und „nyangulanga" sind Artbezeichnungen der Lega-Sprache für Hyperoliiden.

Eine Reihe von Sprichwörtern erklärt die Symbolkraft dieser Frösche im Bwama-Bund: „Mein mutuku ist dabei, für mich ein Paket mit guten Dingen herzurichten (= Initiator für positive Ereignisse), „Kitende Kitiku soll nicht mit Kindern spielen" (= nicht vorzeitig und unverdient Ruhm und Erfolg oder Liebe bringen). „Dumm ist einer, der vorzeitig ins Wasser springt" (= ein Frosch

sollte sein erfolgbringendes Werk vollenden). Kitende als Statussymbole sind wichtige, sichtbare Figuren, die bei Tänzen in den Händen getragen, auf dem Boden gleich einem Kinderspielzeug nachgezogen oder an Zäunen in Sichtweite angebracht werden.

Kultgefäße aus Kamerun zeigen reichen Froschdekor (Pfeifenköpfe,

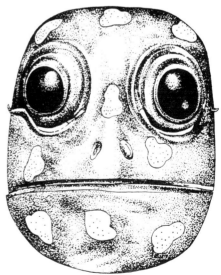

Bali-Froschmaske (nach Hirschberg)

8

Porträt von *Polypedates otilopus*, einer Ruderfroschart mit bizarren Hautbildungen über dem Trommelfell

Masken, Stühle und Bettpfosten). Die Bamun, ein kamerunischer Neger- stamm, benutzt den Riedfrosch als Statussymbol für seine Häuptlinge. Diese Verehrung zeigt sich in Darstel- lungen an Arm- und Fingerringen.

In vielen Gegenden Asiens (China, Japan, Indonesien) haben manche Ruderfrösche als Hausbewohner eine glücksbringende Rolle in der Mytho- logie eingenommen. Eiweißmangel und Hunger zwingen die Menschen in einigen Ländern (z.B. Vietnam) heute noch, Froschlaich und Kaulquappen, als Suppe zubereitet, zu essen. Gekochte Ruderfrösche sollen den Frauen der Andamanen (Indonesien) zu reichem Kindersegen verhelfen. Frösche als Regen- und Fruchtbar- keitssymbol sind bei fast allen asiati- schen Kulturen zu finden. In einer Vielzahl von Märchen, darunter -zig Varianten der Froschkönig-Geschich- te, die sicher einst aus Asien nach Europa gelangte, kommt dem Frosch direkt oder indirekt diese Rolle zu.

Die chinesischen Orakel mit Darstellungen gehörnter Frösche könnten auf *Polypedates otilopus* zurückzuführen sein, dessen lappenähnliche Körperauswüchse am Hinterkopf an Hörner erinnern.

Als Heiligtum verehrten die Ngadju-Dajak auf Südkalimantan einen Ruderfrosch, der stets als Begleiter der einbrüstigen Göttin Kalue mit ihr gemeinsam die Macht besitzen soll, das Gebären zu verhindern. Bei den Balinesen ist das Essen von Fleisch jener Tiere, die als Träger toter Seelen der verstorbenen Menschen und damit als „Hexentiere" angesehen werden, also auch der Frösche, verpönt. Erhalten gebliebene Froschmasken belegen die Ähnlichkeit mit einem Rhacophoriden, der als mythologisches Objekt auserwählt wurde.

In der Gegenwart spielen Ried- und Ruderfrösche mancherorts als Versuchstiere eine Rolle. Während Ruderfrösche in Japan *(Rhacophorus schlegeli)* und China *(Polypedates leucomystax)* für genetische Untersuchungen genutzt werden, befaßten sich zwei Arbeitsgruppen mit dem Stickstoff-Metabolismus bei Riedfröschen: in Portland, USA *(Hyperolius nasutus)* und in Würzburg, Deutschland *(Hyperolius viridiflavus)*. In der letzteren Arbeitsgruppe um Prof. Linsenmair wurde sogar die Geschlechtsumwandlung bei *H. v. ommatostictus*

(Weibchen zu Männchen) erstmals beobachtet und beschrieben, ein sensationeller Befund. Moderne taxonomische Übersichten erarbeiteten unabhängig voneinander für die Rhacophoridae Liem und Blommers-Schlösser, für die Hyperoliidae Laurent, Schioz und Drewes.

Um das speziell für die Haltung und Zucht der Ruder- und Riedfrösche notwendige Wissen zusammenzufassen und populärwissenschaftlich aufzubereiten sowie viele praktische Erfahrungen und Erkenntnisse bei der Pflege und Beobachtung einzelner Arten kompakt wiederzugeben, wurde dieser Band verfaßt.

Dabei soll dem Anfänger durch das Vermitteln von Grundkenntnissen der Beginn als „Froschterrarianer" erleichtert werden. Weiterführende Angaben, beispielsweise über die Fortpflanzungsstimulation mit Hilfe von Hormonen oder spezielle Krankheitstherapien müssen den erfahrenen Spezialisten vorbehalten bleiben und kommen am besten in Zusammenarbeit mit Fachwissenschaftlern (Tierärzten oder Zoologen) zur Durchführung.

Rechts:
Weißbart-Ruderfrösche *(Polypedates leucomystax)* kommen in unterschiedlichen Zeichnungsvarietäten vor: oben ein geflecktes und unten ein gestreiftes Exemplar.

Weißgestreifter Riedfrosch *(Hyperolius parallelus albofasciatus)*

Zur Biologie der Ruder- und Riedfrösche

Zwei Familien der Froschlurche und ihre Besonderheiten

Durch das Fehlen fossiler Belege für Ruderfrösche (Rhacophoridae) und Riedfrösche (Hyperoliidae) ist der Status dieser beiden Familien der Froschlurche (Anura) nach wie vor umstritten. Nachdem bei ihrer Entdeckung durch die den Laubfröschen (Hylidae) sehr ähnliche Lebensweise auf Bäumen („arboricole Frösche")

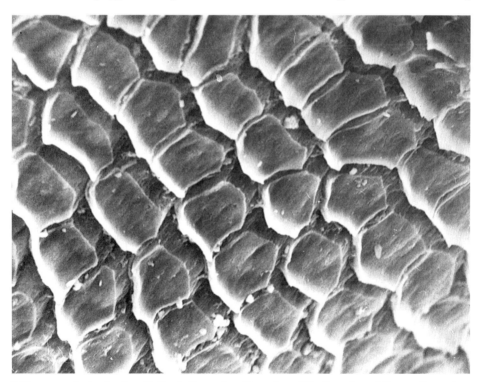

Mikromorphologie der Haftscheiben des Gemalten Riedfrosches *(Hyperolius picturatus)*, rasterelektronenmikroskopische Aufnahme, 2500fach vergrößert

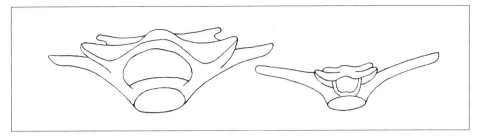

Vorn konkave und hinten konvexe Wirbel von *Philautus acutirostris* (links) und *Polypedates leucomystax* (rechts)

eine nahe verwandtschaftliche Stellung zu diesen Amphibien kurzzeitig angenommen wurde, stellte sich aber anhand der Skelettuntersuchungen heraus, daß sie den Echten Fröschen (Ranidae) am meisten ähneln. Man nimmt gegenwärtig an, daß sich die Hyperoliidae und Rhacophoridae unabhängig voneinander aus den Ranidae entwickelt haben. Insbesondere die madagassischen Arten der Gattungen *Mantella* und *Mantidactylus* stellen nach wie vor einen Streitfall dar, der belegt, wie schwierig die Abgrenzung der einzelnen Froschfamilien auch für Topspezialisten sein kann. Nach neuesten Erkenntnissen ordnet man diese beiden Gattungen als Unterfamilie Mantellinae nicht den Rhacophoridae, sondern den Ranidae zu, so daß in unserem Buch auf diese Gruppen nicht eingegangen wird. Die Ried- und Ruderfrösche haben mit den Echten Fröschen gemeinsam einen Kreuzbeiwirbel (das Becken tragender Wirbel) mit breiten Querfortsätzen auf der Rückenseite, die mit

dem Steißbein verbunden sind. Die procoelen Wirbel sind vorn konkav und hinten konvex ausgebildet, so daß sich durch das Einfügen der konvexen in die konkave Seite eines jeden Wirbelkörpers eine echte Gelenkverbindung ergibt. Diese drei Anurenfamilien besitzen als gemeinsames Merkmal ebenfalls kleine Zähnchen im Gaumenbereich (Maxillarzähne). Sie gehören auch den „Starrbrustfröschen" an, da ihr Schultergürtel firmistern ausgebildet ist, das heißt, beide Hälften des Brustgürtels (vorderes und hinteres Rabenbein) verwachsen über eine Knorpelverbindung.

Welche Merkmale haben aber nun die zoologischen Systematiker dazu bewogen, Rhacophoridae und Hyperoliidae als eigene Familien von den Ranidae und voneinander abzugrenzen? Ruder- und Riedfrösche besitzen besonders lange Zehen, da zwischen ihren Fingerknochen (Phalangen) ein Zwischenknorpel (Interkalarknorpel) zusätzlich eingefügt ist. Diese anatomische Besonderheit er-

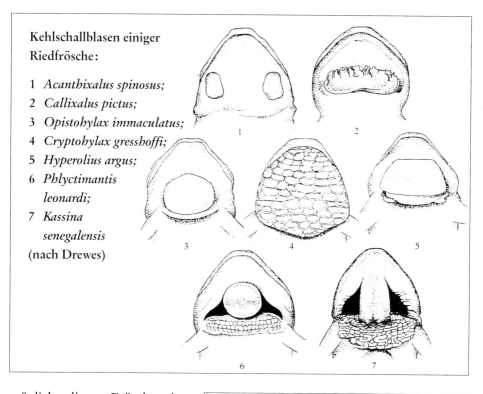

Kehlschallblasen einiger Riedfrösche:

1 *Acanthixalus spinosus;*
2 *Callixalus pictus;*
3 *Opisthylax immaculatus;*
4 *Cryptohylax gresshoffi;*
5 *Hyperolius argus;*
6 *Phlyctimantis leonardi;*
7 *Kassina senegalensis*
(nach Drewes)

möglicht diesen Fröschen im Zusammenwirken mit ihren analog zu den Laubfröschen an den Fingerenden ausgebildeten Haftscheiben ein geschicktes Klettern. Knochenbau und Muskelausbildung stimmen bei Rhacophoriden und Hyperoliiden im wesentlichen überein. Riedfrösche erreichen aber nur eine Körpergröße von 15 bis 82 mm, sie besitzen (außer der Gattung *Leptopelis)* dünnhäutige äußere Kehlschallblasen und (außer *Acanthixalus)* eine glatte, warzenlose Haut.

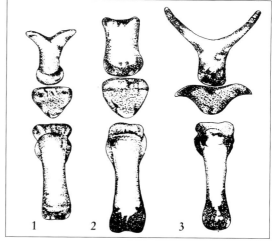

Zehenglieder mit Zwischenknorpel (dunkel gezeichnet) einiger Ruderfrösche: 1 *Buergeria oxycephala;* 2 *Philautus cavirostris;* 3 *Rhacophorus reinwardtii* (nach Jiang, Hu & Zhao)

Rhacophorus macrotis, ein südostasiatischer Ruderfrosch

Bei den meisten Gattungen findet man eine vertikal ausgebildete, elliptische Pupille; sie kann aber auch horizontal oder rund sein (bei *Acanthixalus, Chrysobatrachus* und *Hyperolius).* Die diploide Chromosomenzahl beträgt bei den meisten Gattungen 24, aber auch 22 (vier Arten der Gattung *Leptopelis),* 26 *(Hyperolius argentivittis, H. cinctiventris)* und 30 *(Leptopelis parkeri).*

Ruderfrösche variieren in ihrer Körpergröße zwischen 15 mm und 120 mm. Ihre Haftscheiben an den Zehenspitzen sind meistens deutlich verhrößert, was durch eine spezielle Form der Zehenendknochen (terminale Phalangenglieder) unterstützt werden kann. Die Pupille aller Rhacophoridae ist horizontal, die diploide Chromosomenanzahl aller bisher untersuchten Arten beträgt 26.

Die von Hoffmann 1932 beschriebene Familie der Ruderfrösche (Rhacophoridae) umfaßt 10 Gattungen mit insgesamt 186 Arten:

Aglyptodactylus	(1 Art)
Boophis	(28 Arten)
Buergeria	(4 Arten)
Chirixalus	(7 Arten)
Chiromantis	(3 Arten)
Nyctixalus	(3 Arten)
Philautus	(63 Arten)
Polypedates	(11 Arten)
Rhacophorus	(56 Arten)
Theloderma	(10 Arten)

Chinesischer Riesenflugfrosch
(Polypedates dennysii)

Den 1943 von Laurent als eigene Familie separierten Riedfröschen (Hyperoliidae) werden 14 Gattungen mit 206 Arten zugeordnet:

Acanthixalus	(1 Art)
Afrixalus	(23 Arten)
Callixalus	(1 Art)
Chrysobatrachus	(1 Art)
Cryptohylax	(2 Arten)
Heterixalus	(8 Arten)
Hyperolius	(109 Arten)
Kassina	(12 Arten)
Kassinula	(1 Art)
Leptopelis	(41 Arten)
Opisthohylax	(1 Art)
Phlyctimantis	(3 Arten)
Tachycnemis	(1 Art)
Tornierella	(2 Arten)

Heterixalus betsileo, ein Jungtier dieser madagassischen Riedfroschart mit Dorso-lateralstreifen

Aglyptodactylus madagascariensis

Gebänderter Waldsteigerfrosch *(Leptopelis bocagei)*

Punktierter Riedfrosch *(Hyperolius puncticulatus)*, Porträt eines Weibchens

Wo leben diese Frösche?

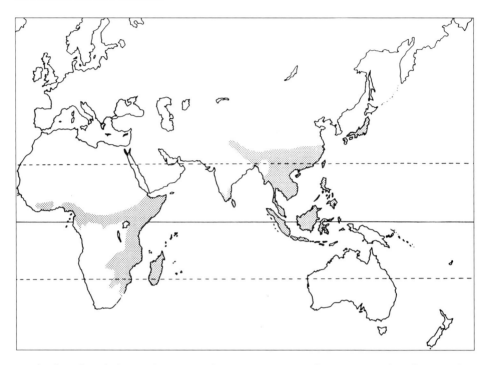

Ruderfrösche haben ihren Verbreitungsschwerpunkt in Südostasien, einige Arten kommen aber beispielsweise in China weit nördlich des Sonnenwendekreises vor. Ihre nördlichste Verbreitung erreichen sie allerdings in Japan. Außer den südostasiatischen Inseln und dem indochinesischen Festland bewohnen Rhacophoriden auch die Südspitze des indischen Subkontinentes, Sri Lanka sowie im Osten die Philippinen und die Großen Sundainseln.

Zwei Gattungen *(Aglyptodactylus* und *Boophis)* kommen nur auf Madagaskar vor, eine *(Chiromantis)* ist im tropischen Afrika weit verbreitet.

Die Lebensansprüche der Ruderfrösche sind sehr unterschiedlich. Sie leben ebenso in Meeresspiegelhöhe wie im Hochgebirge (bis zu 3700 m). Während die nördlichen Arealteile durch kühle Winter (ca. 8 bis 10 °C) im kontinentalen Bereich und warme Sommer (ca. 25 bis 28 °C) gekennzeichnet sind, leben die im südostasiatischen Raum beheimateten Arten entweder im tropischen Regenwald mit Nachttemperaturen um 17 °C und Tagestemperaturen um 22 °C (beispielsweise auf Kalimantan) oder im Bereich des tropischen Monsunklimas mit Wintertemperaturen um 15 °C und maximalen Sommertemperaturen

Lebensraum des Weißbart-Ruderfrosches *(Rhacophorus leucomystax)* in einem
Stadtpark von Hong-Kong

Reisfeld im zentralen Hochland von Madagaskar, ein typisches Biotop von *Heterixalus betsileo* und der *Boophis*-Arten

bei 35 °C. Während der warmen, sommerlichen, zwölf Wochen andauernden Monsunregen, die (etwa in Südindien) in den Monaten Mai und Juni beginnen, liegt auch die Fortpflanzungszeit der in diesem Klima lebenden Arten. Alle Lebensräume der Rhacophoridae sind mit reichem Pflanzenwuchs ausgestattet.

Die Tiere bevorzugen feuchte Gegenden mit Fließ- oder Standgewässern, halten sich aber auch in Höhlen und Stadtanlagen auf. Manche Arten, beispielsweise der Weißbart-Ruderfrosch *(Polypedates leucomystax)*, wurden zu Kulturfolgern und kommen oft in menschlichen Behausungen

vor. Als Nützlinge vertilgen sie dort lästige Insekten. Nur die Arten der Gattungen *Nyctixalus, Philautus* und *Theloderma* benötigen während keiner Lebensphase bodenständige Gewässer, da sie in Baumhöhlen laichen.

Die Riedfrösche bewohnen auf dem afrikanischen Kontinent sehr unterschiedliche Lebensräume und fehlen nur in den Wüsten und Halbwüsten. Ihr Areal befindet sich südlich der Sahara. In Madagaskar ist die Gattung *Heterixalus* endemisch, *Tachycnemis* lebt ausschließlich auf den Seychellen. Nur einige Hyperoliden besiedeln den tropischen Regenwald in der Nähe des Äquators.

Tagschlafstellungen verschiedener Vertreter der Riedfroschfamilie in Anpassung an ihren Lebensraum; oben: Wurmmuster-Waldsteigerfrosch *(Leptopelis vermicularis)*; umseitig oben links: Punktierter Riedfrosch *(Hyperolius puncticulatus)*; unten links: Weißgestreifter Riedfrosch *(Hyperolius parallelus albofasciatus)*; rechts: *Heterixalus rutenbergi*

Von den meisten Arten werden Savannen und lichte Wälder bevorzugt, die bereits in trockene Grasländer oder Steppen übergehen. Viele Riedfrösche paßten sich durch ihre Fähigkeit, längere Trockenperioden schadlos überstehen zu können, auch an die Kulturlandschaft an und leben in Feldern und Gärten. Wenn auch einige Hyperoliden die Galeriewälder und offene montane Landschaften besiedeln, verläuft die Grenze ihrer Höhenverbreitung bereits bei 1500 m. Hauptfortpflanzungsperioden liegen alljährlich in der Regenzeit. Während der wenigen Wochen muß die hauptsächliche biologische Aktivität liegen, da alle lebenswichtigen Prozesse äußerst rasch abzulaufen haben (Fortpflanzung, Wachstum, Nahrungsaufnahme mit Schaffung von Körperdepots).

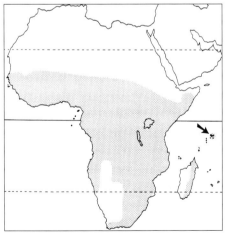

Verbreitung der Hyperoliidae (aus Duellman & Trueb)

„Schaumschläger"
und „Gleitflieger"

Die meisten Ruderfrösche und eine Riedfroschgattung *(Opisthohylax)* bauen während ihrer Paarung Schaumnester, die sie an Bäumen, zwischen Zweigen und Blättern, deponieren. Über die verhaltenszoologischen Abläufe sowie die Entwicklung der Larven im Inneren der Nester wird in einem späteren Kapitel berichtet.

An dieser Stelle sollen Ursprung und Konsistenz des Schaumes vorgestellt werden:

Die Weibchen der Ruderfrösche besitzen einen besonders ausgebildeten, etwa 1 cm breiten Teil ihres Eileiters, der beidseitig im Körper angelegt ist und in die Kloake mündet. In diesem besonders stark gewundenen und dickeren Abschnitt werden die Eier vor dem Ablegevorgang mit einer Flüssigkeit vermischt, die das Paar später durch synchrone Bewegungen der Hinterbeine zu einer Schaummasse schlägt. Coe, der erstmals diese anatomische Bildung beim Baumfrosch *Chiromantis rufescens* untersuchte, nannte den sekretierenden Abschnitt des Wolffschen Ganges „Schaumdrüse". Bei *Rhacophorus* konnte festgestellt werden, daß in dieser Schaumdrüse über längere Zeit hin aktive Spermien gespeichert werden können, so daß die Weibchen ohne

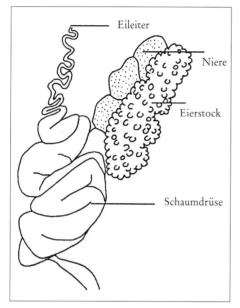

Schaumdrüse des linken Eileiters eines Weibchens des Weißbart-Ruderfrosches *(Polypedates leucomystax)*

Männchen eine zweite Eiablage allein durchführen. Die chemische Analyse eines frischen Schaumnestes des Weiß- bart-Ruderfrosches ergab, daß die Substanz 93 % Wasser enthielt. Die Trockensubstanz beinhaltet 6,3 % Zucker und 93,7 % Eiweiß, in dem die Aminosäuren Lysin, Glutamin und Asparaginsäure dominieren. Die Schaumnester verhärten an ihrer Peri- pherie und bilden einen mechanischen Schutz für die Nachkommen aus. Die relativ helle Färbung des Schaumes schützt vor zu starker UV-Einstrah- lung und Austrocknung.

Manche Zoologen nehmen außer- dem eine antibakterielle und pilzhem- mende Wirkung des Schaumes an. Das Eiweiß muß aber trotz all seiner Funktionen wasserlöslich sein, da sonst die Larven nicht mit dem tropi- schen Regen aus dem gelösten Nest in ein darunter befindliches Gewässer gespült werden können. Auch bei anderen Anurenfamilien findet man Schaumnester, beispielsweise bauen

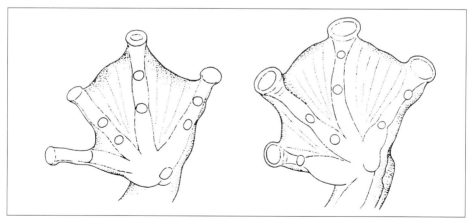

Spannhäute zwischen den Zehen des Java-Flugfrosches *(Rhacophorus reinwardtii)* und des Borneo-Flugfrosches *(Rhacophorus nigropalmatus)*, rechts (nach Berry)

Schwarzpunkt-Flugfrosch *(Rhacophorus pardalis)*, oben Jungtier, unten ausgewach-
senes Exemplar

einige Australische Südfrösche (Myobatrachidae) und Südfrösche (Leptodactylidae) auf dem Wasser flottierende Schaumpakete. Andere Leptodactyliden setzen ihren Schaum mitsamt den Eiern am Gewässerrand oder am feuchten Boden ab. Auch bei dem in Japan beheimateten Ruderfrosch *Rhacophorus schlegeli* wurde ein derartiger Schaumnestbau beobachtet — davon aber später im speziellen Teil.

Schwebender Java-Flugfrosch *(Rhacophorus reinwardtii)* (aus Herrmann)

Eine weitere morphologische und ethologische Besonderheit einiger Ruderfrösche ist mit ihrer Lebensweise auf Urwaldriesen verbunden. Bei manchen südostasiatischen Arten, wie dem Java-Flugfrosch *(Rhacophorus reinwardtii)*, Borneo-Flugfrosch *(Rhacophorus nigropalmatus)*, Schwarzpunkt-Flugfrosch *(Rhacophorus pardalis)* oder dem Grünen Chinesischen Riesenflugfrosch *(Polypedates dennysii)* haben sich großflächige Spannhäute zwischen Fingern und Zehen entwickelt. Manchmal sind sie zusätzlich durch Hautsäume an den Extremitäten ergänzt. Alle diese Häute werden aufgespannt, der Körper abgeflacht und eine Spreizstellung (Beine etwas

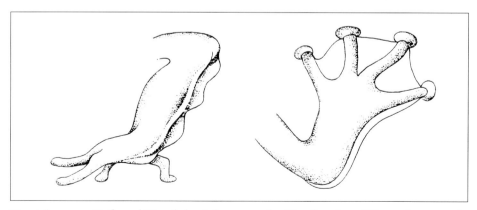

Hautsäume an Fuß und Hand des Schwarzpunkt-Flugfrosches *(Rhacophorus pardalis)* (nach Berry)

Ergebnisse von Versuchen über das Schweben von Flugfröschen aus einer Höhe von 5,4 m

Art	Kopf-Rumpf-Länge (in mm)	Gesamt-fläche der Hinterfüße (in mm²)	Horizontale Länge des Sprungs (in m)	Winkel des schwebenden Tieres (in Grad)
Rhacophorus	86	53	3,0 – 4,0	30 – 38
otilopus	72	39	3,7	35
Rhacophorus	43	38	3,2	33
pardalis	42	38	2,5	26
Rhacophorus	89	221	4,8 – 7,3	42 – 55
nigropalmatus				

angewinkelt) eingenommen, wenn ein Flugfrosch von einem hohen Baum springt, um, eine 4,5 m lange Parabel beschreibend, zu einem niedriger gelegenen Ort zu schweben.

Tatsächlich funktionieren die Häute ähnlich einem Fallschirm, so daß sich die Fallgeschwindigkeit verringert.

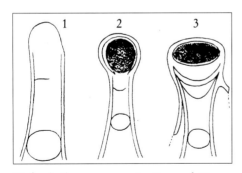

Haftscheiben von: 1 Senegal-Rennfrosch *(Kassina senegalensis)*; 2 Marmor-Riedfrosch *(Hyperolius marmoratus)*; 3 Java-Flugfrosch *(Rhacophorus reinwardtii)* (nach Liem)

Mehrere wissenschaftliche Untersuchungen befaßten sich mit diesem Phänomen, das man, allerdings abgeschwächt, auch bei anderen Rhacophoriden (z.B. *Rhacophorus robinsoni, R. promianus* und *Polypedates leucomystax)* beobachten kann. Ein Höhengewinn, wie man ihn bei den im selben Lebensraum vorkommenden Flugdrachen *(Draco)* feststellte, kommt beim Schweben der Flugfrösche nicht vor. Auch einige südamerikanische Laubfrösche, beispielsweise *Hyla miliaris* und *Phrynohyas venulosa,* bildeten ähnliche Verhaltensweisen wie die Flugfrösche aus, ohne dabei aber so stark ausgeprägte Spannhäute zu besitzen. Für die Landung nach dem Schweben ist ein sofortiges Haften auch an senkrechten Flächen erforderlich. Das kann nur von besonders breiten Haftzehen

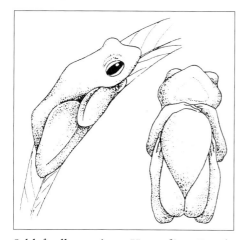

Schlafstellung eines *Hyperolius;* Bauch-
ansicht beim Sitzen an einer Glasscheibe
(nach Whiters, Louw & Nicolson)

ermöglicht werden. Damit diese Flächen nicht zusammenklappen, benötigen sie ein spezielles Knochenskelett,
das durch ein gespreiztes Fingerglied
gebildet wird. Im Vergleich zu den
Haftscheiben der Hyperoliiden sind
jene der Rhacophoriden wesentlich
größer. Ihr Feinbau stimmt aber meistens überein. Wie Basaltsäulen muten
die Hautzäpfchen in der Mikrostruk-
tur solcher Haftorgane an. Beim Fest-
halten wird durch das Aufspreizen
und spätere Zusammenziehen dieser
Zäpfchen ein Vakuum in den Zwi-
schenräumen geschaffen, das ähnlich
einem Gummisauger das Haften an
glatten Oberflächen ermöglicht. Diese
für das Leben auf Bäumen wesentlichen Anpassungen ermöglichen die
vielfältigen, sehr interessanten und
noch relativ spärlich erforschten Ver-

haltensweisen bei Flucht, Beutefang
und Fortpflanzung, die von Terrarianern durch aufmerksames Beobachten
und Protokollieren näher erkundet
werden können. Wie bei vielen baum-
lebenden Froschlurchen ist auch bei
den Ruderfröschen die Haut der
Bauchseite fein granuliert. Diese
Struktur der Sitzoberfläche soll eine
ausgleichende Funktion für den Was-
serhaushalt im Körper besitzen.

Daseinsprinzip: Kurzlebigkeit

Durch die starke Saisoneinteilung des
Jahreszyklus in den Lebensräumen
vieler Riedfrösche bleibt ihnen nach
der langen Trockenperiode oft nur
noch so viel Energievorrat, wie er für
die Vermehrung erforderlich ist. Normalerweise sterben daran eine Reihe
von *Hyperolius*-Arten bereits nach
der ersten Laichperiode. Die Zeit
davor ist von besonderen Leistungen
des Organismus gegen die Verdunstung gekennzeichnet. So kann die
äußere Haut des Nasen-Riedfrosches
(Hyperolius nasutus) aufgrund ihrer
speziellen purinreichen und darum
Licht reflektierenden Farbträgerzellen
(Iridiophoren) in hohem Maße eine
Verdunstung von Körperflüssigkeit
verhindern. (Bei größerer Trockenheit
erhöht sich auch die Anzahl der speziellen Farbträgerzellen bei *Hyperolius
viridiflavus.)*

Zeichnungsmuster bei Ruder- und Riedfröschen; oben: Männchen des Punktierten Riedfrosches *(Hyperolius puncticulatus)*; unten: Männchen des Chinesischen Riesen-flugfrosches *(Polypedates dennysii)*

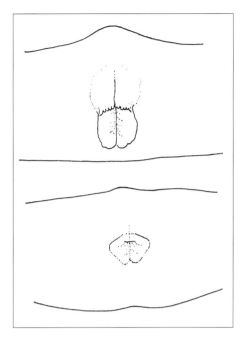

Dabei hilft den Riedfröschen eine spezielle Schlafstellung, die durch Anziehen der Extremitäten eine besonders geringe Verdunstungsoberfläche schafft. Tagsüber präsentieren sich die meisten Riedfrösche in einer sehr hellen Färbung, die kaum an ihre sonst farbenfreudige Hautfärbung und -zeichnung erinnert. Ausnahmen bilden hierbei die in feuchteren Gebieten lebenden Arten, wie beispielsweise der Gemalte Riedfrosch *(Hyperolius picturatus)*. Hier wird eine

Kloakenlippen eines Weibchens (oben) und eines Männchens (unten) des Rennfrosches *Kassina fusca* (aus Schioz)

In der Schlafstellung dient die eigentümliche Zeichnung des Gemalten Riedfrosches *(Hyperolius picturatus)* der passiven Verteidigung: Die Rückseite des Tieres wirkt wie der Kopf

Silber-Waldsteigerfrosch *(Leptopelis argenteus)*

passive Feindabwehr durch das Vortäuschen eines zweiten Gesichtes am Körperende erreicht, das den Gegner irritieren soll.

Die in Trockengebieten ruhenden Arten sind meistens relativ klein, wodurch sich auch die Verdunstungsoberfläche verringert. Außerdem entsteht in der Ruhephase der Eindruck eines grauen Stückchens Vogelkot, das auf einem Blatt haftet. Tarnung ist gerade für Riedfrösche wichtig, da sie eine der Hauptnahrungsquellen der afrikanischen Schlangen der Gattung *Philothamnus* darstellen.

Jeder Organismus produziert in seinem Stoffwechsel Stickstoff, der normalerweise in Form gelösten

Paar der grauen Baumfroschart *Chiromantis xerampelina*

Harnstoffs mit dem Urin abgeführt wird. Ein solcher Vorgang würde aber für die der Trockenheit ausgesetzten Riedfrösche erneut immensen Wasserverlust bedeuten. Darum entwickelten sie die Fähigkeit, den normalerweise giftigen Stickstoff über lange Zeit hin im Körper zu speichern, ohne dabei Schaden zu nehmen; wiederum helfen die speziellen Farbträgerzellen der Haut (Iridiophoren) dabei. Ihre chemischen Bestandteile

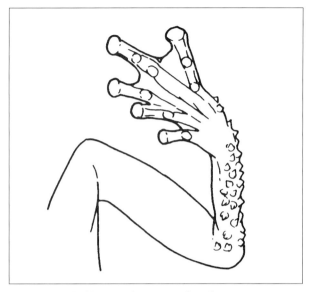

Unterschenkeldornen bei *Acanthixalus spinosus* (Aus Duellman & Trueb)

speichern schadlos überflüssigen Stickstoff. Wird einmal eine so hohe Temperatur durch die Sonneneinstrahlung erreicht, daß sie sich von den Fröschen nicht mehr ertragen läßt, kühlen sie ihre Haut durch die Abgabe von wenig Flüssigkeit, die durch Poren austritt.

Nicht nur grabende Froschlurche, die in Trockengebieten leben, sind in der Lage, durch mehrere Häutungen einen Kokon zu bilden. Auch die Waldsteigerfrösche *(Leptopelis)* können sich in einen solchen Ruhezustand versetzen, der es ihnen ermöglicht, Trockenperioden zu überstehen. Die Baumfrösche *(Chiromantis)* leben als einzige Ruderfrösche in Steppengebieten Afrikas.

Durch ihre helle Körperfärbung verringern auch sie die Verdunstung. Beim Schaumnestbau heften sie Blätter an ihre Schaumballen, die nicht nur der Tarnung dienen, sondern vor allem einen zusätzlichen Verdunstungsschutz darstellen.

Haben nun die Riedfrösche erfolgreich eine oder mehrere Trockenperioden überdauert, so kommt mit dem Beginn der Regenzeit der alles entscheidende Augenblick: Schnellstens müssen die Tiere durch Nahrungsaufnahme die Entwicklung von Laich und Sperma förderlich beeinflussen. Zur Paarung treffen sie sich an Gewässern, wobei die Männchen ihre Paarungsrufe ertönen lassen. Die Weibchen legen mehrmals Eier ab. Oft stimmen

Zeichnungsentwicklung bei Broadleys Marmorriedfrosch *(Hyperolius marmoratus broadleyi)*; oben: Jungtier nach der Metamorphose; rechts: Beginn der Einfärbung; Vorseite: erwachsenes Exemplar

die Geschlechterverhältnisse nicht, da wahrscheinlich von der Körpertemperatur dieser wechselwarmen Tiere in irgendeiner Phase ihrer Entwicklung entschieden wird, ob sich ein Weibchen oder ein Männchen herausbildet. In der Natur trifft man häufig einen Weibchenüberschuß an den Laichgewässern. Darum erwies es sich als günstig, daß sich Weibchen, die ihren Laich abgegeben haben, zu Männchen umwandeln können. Dieser eigenar-

tige Vorgang geschieht binnen 3 bis 77 Tagen und ist von einer teilweisen Umwandlung der Eierstöcke im Hoden begleitet. Die verblüffendste Erscheinung ist aber die sofortige Veränderung des Verhaltens der Riedfrösche: Die eben noch auf den Paarungsruf der Männchen reagierenden Weibchen bilden nun auch eine Kehlschallblase aus und produzieren selbst Paarungsrufe, klammern ihre vorherigen Geschlechtsgefährtinnen und

befruchten deren Eier. Die Fähigkeit der Eierproduktion geht aber diesen Tieren nicht verloren, so daß man von echten Zwittern sprechen kann. Nur extreme Umweltverhältnisse, die auf eine Art ökologischen Überlebensdruck ausüben, können derartige, in der Natur sehr seltene Verhaltensweisen hervorbringen.

Für den Terrarianer ist es wichtig, diese Vorgänge zu kennen. Leider hat die Erfahrung gezeigt, daß bei den meisten Riedfröschen fast nur Männchen in der ersten Nachzuchtgeneration entstehen. Diese sind nicht in der Lage, sich zu Weibchen zu entwickeln. Die Geschlechtsumwandlung der *Hyperolius* geschieht immer nur in einer Richtung: vom Weibchen zum Männchen. Man sollte mit Temperaturveränderung (mehrere Zuchtansätze) in den unterschiedlichen Entwicklungsphasen die Herausbildung beider Geschlechter fördern.

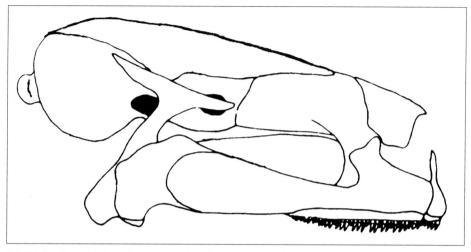

Schädel mit stark bezahntem Kiefer des schneckenfressenden afrikanischen Frosches *Tornierella kouniensis* (aus Drewes)

Eine weitere Erfahrung aus der terraristischen Praxis kann das Absterben der Riedfrösche nach dem ersten Laichen unter Umständen verhindern: So wurden Marmorriedfrösche *(Hyperolius marmoratus)* bis zu 5 Jahre alt, wobei sie in jedem Jahr erneut Nachkommen produzierten.

Der Trick besteht darin, die Frösche sofort nach dem Laichen in einen kühlen (12 bis 15 °C) Raum zu überführen, wo sie sich in einer Ruhepause regenerieren können. Das entspricht natürlich nicht den ökologischen Gegebenheiten im Biotop, ermöglicht aber eine längere Haltbarkeit unter Terrarienbedingungen. Diese Beobachtung belegt aber auch, daß Kurzlebigkeit als Lebensprinzip vieler Riedfroscharten meist nur als Modifikation, also nicht als genetisch fixierte und damit nicht unter allen Umständen notwendige Anpassung des Organismus an Umweltfaktoren ausgebildet wird.

Weißbauch-Riedfrosch *(Hyperolius fusciventris lamotensis)*

TERRARIUM FÜR RUDER- UND RIEDFRÖSCHE

Regenwaldterrarium für tropische Baumfrösche (nach Zimmermann)

Da diese Baumfrösche zumindest zeitweise in sehr feuchten Lebensräumen vorkommen, benötigen sie auch insbesondere zur Fortpflanzung ein entsprechendes Kleinklima im Terrarium. Deshalb eignen sich mit der modernen Glasklebetechnik hergestellte Behälter am besten für die Haltung. Für baumbewohnende Frösche empfiehlt es sich außerdem, die Terrarien etwa doppelt so hoch als breit zu gestalten. Mit Hilfe von aufgeklebten Scharnieren und Magnetverschlüssen lassen sich Fronttüren einrichten, so daß die täglich notwendige Öffnung der Terrarien bequem erfolgen kann. Um die Glasbehälter ausreichend zu belüften, sollten etwa zwei Drittel der Deckscheibe aus feiner Gaze (bei kleineren Arten, die sich von frisch geschlüpften Grillenlarven oder Fruchtfliegen ernähren, wird am besten Müller-Gaze verwendet) bestehen, die sich mit Hilfe schmaler Glasstreifen in eine Aussparung der Glasdecke einkleben läßt. Bei Riedfröschen, die einen Großteil ihres Lebens in relativ trockenem, heißem Klima leben, sollte eine Gaze-Belüftung auch an den Seitenscheiben angebracht werden.

Ein Terrarium, in das die Tiere nur zur Fortpflanzung eingesetzt werden, hat funktionell als Beregnungsbecken zu dienen. Sein Aufbau entspricht der obigen Beschreibung, nur sollte eine Aluminiumverblendung am Schlitz der Frontscheibentür ein Herauslaufen des eingesprühten Wassers verhindern. Durch ein ca. 1 cm dickes Rohr, in das kleine Düsen eingeklebt bzw. feine Löcher gebohrt werden, läßt sich der künstliche Regen realisieren.

Die Installation dieses Rohres erfolgt durch ein Loch in einer der Seitenscheiben, knapp unter der Terrariendecke. Über einen Plastikschlauch befördert eine Umwälzpumpe in ständigem Kreislauf Wasser von einem in der Bodenscheibe des Behälters eingelassenen Absaugstutzen in das Beregnungsrohr. Voraussetzung für diese Anlage ist eine mindestens 10 cm tiefe, den gesamten Boden bedeckende Wasserschicht.

Da Ruder- und Riedfrösche in der Natur relativ helle Sonnenstrahlung bevorzugen, empfiehlt sich eine Beleuchtung mit Leuchtstoffröhren oder Halogenstrahlern. Letztere geben außerdem die insbesondere für Riedfrösche nötige Wärme ab. In jedem Fall sollten sich die Lampen nicht innerhalb des Terrariums befinden, da die geschickt kletternden feuchten Frösche sonst durch große Wärme, Trockenheit oder Stromschlag Schaden erleiden können. Um ein Tag-Nacht-Temperaturgefälle zu realisieren, genügt es oft bereits, Halogenstrahler als Beleuchtungsquelle zu nutzen. Mit Hilfe praktischer Regulationsapparaturen (Zeitschaltuhr, Temperaturregulatoren über Relaisschalter) läßt sich die Terrarientechnik

Ruderfroschterrarium mit Schlegels Ruderfröschen (*Rhacophorus schlegeli*)

automatisieren. Meßgeräte wie Thermometer und Hygrometer ermöglichen dem Pfleger eine ständige Kontrolle über seine Anlage.

Über die Mindestmmaße und optimalen Größen der Ried- und Ruderfroschterrarien gibt es unterschiedliche Auffassungen. Während die kleineren Riedfrösche bereits in Terrarien mit einer Abmessung von 20 × 20 × 40 cm gezüchtet wurden und offensichtlich weniger Raum benötigen, sind die zumeist größeren Ruderfröche auf geräumigere Behälter angewiesen. Zu groß kann ein Terrarium eigentlich gar nicht sein, es sei denn, man möchte zu jeder Zeit jedes Tier auffinden können. Natürlich werden in einer Großvitrine oder in einem Wintergarten viel größere Mengen an Futtertieren benötigt. Gerade die asiatischen Flugfrösche entfalten erst in Behältern von mehr als je 2 m Länge und Höhe ihre typische geschickte Fortbewegungsweise, das Schweben eingeschlossen.

Die meisten Hyperoliiden und Rhacophoriden begnügen sich mit

An einem Stein im Terrarium abgelegte Eier des Gemalten Riedfrosches *(Hyperolius picturatus)*

einer anspruchslosen, aber zweckorientierten Terrarieneinrichtung. Ein Kletterast, kombiniert mit einer Blattpflanze, genügt meistens für die artgerechte Haltung. Ein spezieller Bodengrund ist nicht erforderlich, je nach Art (Feuchtigkeitsbedarf) und Lebensperiode (Wachstums-, Ruhe- oder Fortpflanzungsphase) kann ein mehr oder weniger großer Wasserteil eingebracht werden. Am günstigsten erwies sich Wasser auf dem gesamten Terrarienboden, das sich über einen Abfluß (alle 1 bis 3 Tage) regelmäßig wechseln läßt.

Arten, die bereits über viele Generationen hinweg in Menschenhand gezüchtet worden sind, beispielsweise der Riedfrosch *Hyperolius viridiflavus* oder der Weißbart-Ruderfrosch *(Polypedates leucomystax),* begnügen sich meist schon mit „hygienischen Terrarien" ohne jegliche Einrichtungsgegenstände. Sie nehmen ihre Sitzwarten an den Glasscheiben ein, und die letztere Art paart sich auch an den senkrechten Terrarienwandungen, so daß dabei entstehende Schaumnester am Glas haften und gut zu beobachten sind.

Den meisten Ruderfröschen sollten aber für ihr Wohlbefinden und zum Ausleben eines artgerechten Verhaltens derbe Pflanzen zur Verfügung stehen. Am besten eignen sich hierfür *Monstera, Dieffenbachia, Scindapsus, Ficus* und *Philodendron.* Graue Baumfrösche *(Chiromantis)* benötigen zum Abdecken ihrer Schaumnester unbedingt kleinblättrige *Philodendron-* und *Piper-*Arten. Rhacophoriden, die in ihrer Fortpflanzung an ein lockeres Erdsubstrat gebunden sind (beispielsweise *Rhacophorus schlegeli),* sollte eine entsprechende Terrarieneinrichtung zuteil werden.

Die Kenntnis der Eiablageorte in der Natur erleichtert dem Terrarianer die spezielle biologische Einrichtung der Behälter. So legen einige Riedfrösche (zum Beispiel *Hyperolius picturatus)* ihre Eier an Steinen in Gewässernähe ab; dem kann leicht mit einer dekorativ wirkenden Felsimitation im Terrarium entsprochen werden. Manche Arten lieben Versteckplätze hinter Baumrinde oder Korkstücken, aber auch unter Laub am Boden; anderen sollten trockenere und feuchtere, schattige und stärker beleuchtete Bereiche im Terrarium geboten werden.

Für terraristisch unbekannte Ruder- und Riedfrösche empfiehlt es sich, die Behältereinrichtung so abwechslungsreich wie möglich zu gestalten, um Vorzugstemperaturen, Luftfeuchtigkeit und Beleuchtungsintensität sowie spezielle Sitzorte herausfinden zu können.

Gerade die attraktiven Riedfrösche, aber auch einige der farbenfreudigen Ruderfrösche werden gern als Zierde in Wohnzimmervitrinen gehalten. Ein derartiges Terrarium darf auch üppiger bepflanzt sein, wobei zu dichtes Blattwerk immer mehr Versteckplätze für die Frösche schafft, so daß sie immer seltener zu sehen sind.

Die Rück- und Seitenwände eines solchen Terrariums lassen sich durch Auftragen einer Klebemasse (Holzleim, Latex und etwas Zement) und Bestreuen bzw. Belegen mit Dekorationsmaterial (Korkmehl oder -stücken, Wurzelstücke, Kies, Sand, Torf, Borke usw.) sehr naturnah gestalten. Durch Felsaufbauten, die eine kleine Umwälzpumpe verbergen, kann ein Bachlauf imitiert werden, dessen Wasser innerhalb des Terrariums zirkuliert, wobei es über ein Filtersystem laufen sollte.

Besondere Beleuchtungseffekte erzielt man mit Unterwasserleuchten, die an besonders exponierten Solitärpflanzen oder an von Moos (am besten eine Quellmoosart) oder Moosfarn *(Selaginella)* bewachsenen Steinen angebracht sind.

Regelmässige Pflege

Management am Terrarium

Wie für die meisten Froschterrarien gilt auch für die mit Hyperoliiden und Rhacophoriden besetzten Behälter die Regel: Nur so viel pflegen, wie unbedingt nötig ist. Eine gut eingerichtete und nicht zu dicht besetzte Wohnzimmervitrine braucht nicht etwa monatlich völlig erneuert zu werden, die Säuberung der Sichtscheiben und der regelmäßige Wasserwechsel genügen als Reinigungsmaßnahmen. Die Häufigkeit des Wasserwechsels richtet sich nach dem Verschmutzungsgrad: Sobald Nahrungsreste, Kot und faulende Bodenteilchen im Wasserbehälter des Terrariums schwimmen, sollte zumindest ein Teil des Altwassers durch neues ersetzt werden. Die Reinigung sichtbarer, stark durch Kot verschmutzter Blätter erfolgt einmal wöchentlich mit einem Schwamm. Nur dann, wenn sich Fäulnisherde ausbilden, moderiger Geruch bemerkbar ist oder die Bepflanzung mit Wurzelwerk und Ranken die Innenausstattung des Terrariums unansehnlich

werden läßt, empfiehlt sich ein neues Einrichten des Behälters.

In Zuchtanlagen oder Laboratorien mit spartanisch eingerichteten Terrarien lassen sich die Pflegearbeiten standardisieren. So bietet sich ein Wasserwechsel stets im Intervall nach dem Tag der Fütterung an, so daß regelmäßig in allen Becken neues Wasser eingebracht wird. Größere Ruderfrösche erhalten zwei- bis dreimal wöchentlich ihre Nahrungstiere, kleinere Arten und Riedfrösche benötigen täglich oder alle zwei Tage ihr Futter. Jungtiere müssen gegebenenfalls sogar mehrmals täglich gefüttert werden.

Tägliche Handgriffe am Terrarium sind das Einschalten der Beleuchtung, die morgendliche Kontrolle nach Temperatur und Luftfeuchtigkeit, das abendliche Sprühen und Auffüllen des Wasserbehälters.

Manche Terrarianer entwickelten komplizierte Systeme, um die regelmäßigen Pflegehandgriffe zu automatisieren, damit eine zweiwöchige Versorgung auch ohne den Pfleger möglich ist. Während Regelthermometer

Die madagassischen Riedfrösche (hier *Heterixalus madagascariensis* in Schlafstellung) benötigen saubere, vom Kot gereinigte Blattpflanzen im Terrarium

und automatische Sprühanlagen schon fast Selbstverständlichkeiten geworden sind, gehört eine permanente Futterversorgung noch zu den selteneren Praktiken. Aber auch so etwas ist möglich, indem an ein Plastikrohrsystem Zuchtbehälter von Fliegen und anderen Insekten angeschlossen werden, die nach der Entwicklung zu Imagines ihre Substrate verlassen und in die Terrarien krabbeln. Durch Licht oder Früchte lassen sich beispielsweise Essigfliegen leicht anlocken, durch Hefe Stuben- und Fleischfliegen.

Bei allen Pflege- und Wartungsarbeiten dürfen keinesfalls Chemikalien verwendet werden. Selbst Reinigungsmittel für Geschirr können sich unter Umständen schädlich auf Froschlurche oder auch Futtertiere auswirken. Ganz besonders gefährlich sind Scheuer- und Fensterputzmittel. Sogar gelegentlich in die Terrarien dringender Zigarettenrauch schädigt die Amphibien; sie sind durch ihre Hautatmung ganz besonders empfindlich gegenüber Luftverunreinigungen.

Futtertierzuchten

Durch das reichhaltige Angebot an Futtertieren in den Zoohandlungen und Geschäften für Anglerbedarf stehen viele verschiedene Arten zur Verfügung, die in einem Bestellsystem oder individuell nach Bedarf im Einzelhandel erhältlich sind: Bananen- und Kurzflügelgrillen, Wachsmotten, Fleischfliegen (als „Anglermaden" im Angebot), tropische Schabenarten, Wanderheuschrecken und mehrere Regenwurmarten. Schwieriger bekommt man Essigfliegen *(Drosophila)*, die von frisch metamorphosierten Riedfröschen verzehrt werden. Auch die von großen Rhacophoriden (beispielsweise Grüner Chinesischer Riesenflugfrosch, *Polypedates dennysii*, *Rhacophorus otilopus* und Weibchen des Weißbart-Ruderfrosches *Polypedates leucomystax*) bevorzugten nestjungen Mäuse lassen sich nur selten von Zoofachhandlungen beziehen. In der Fachpresse findet man stets eine Vielzahl von Annoncen, die einen regelmäßigen Versand dieser allgemein seltener benötigten Futtertiere anbieten, ein befristetes Abonnement lohnt sich immer. Je nach Ernährungsgewohnheiten, die sogar individuell variieren und von der Größe der Frösche abhängen, sollte die Palette der Futtertiere zusammengestellt werden. Dabei ist eine abwechslungsreiche Ernährung sehr wichtig. Auch größere Mäuse verzehrende Arten nehmen von Zeit zu Zeit gern Fliegen oder Grillen als Futter an. Diese Nahrungstiere stimulieren überdies das aktive Beutefangverhalten und intensivere Bewegungen, die ein Verfetten der Tiere vermeiden.

Größere Futtertiere reicht man am besten mit der Pinzette. So läßt sich eine Überfütterung einzelner Amphibien vermeiden, und durch die individuelle Verteilung kommt es zur regelmäßigen Nahrungsaufnahme bei allen Tieren. Eine sehr abwechslungsreiche Ernährung bietet während der warmen Jahreszeiten als „Wiesenplankton" mit einem Kescher gefangenes Futter. Insekten unterschiedlicher Größe und mit vielfältigen Nährwerten regen besonders das natürliche Beutefangverhalten von Ried- und Ruderfröschen an. Man stülpt den gefüllten Kescher in kleine Gefäße, die erst im Terrarium

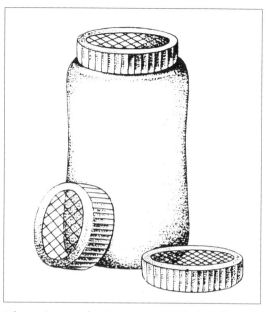

Glas mit angefertigten Gazedeckeln, die sich für Transport und Verfütterung von Insekten eignen (nach Mattison)

wieder geöffnet werden und dort etwa eine Nacht lang verbleiben. So wird verhindert, daß der Beifang (Pflanzenreste) das Becken verschmutzt, und das „Wiesenplankton" gelangt allmählich in den Innenraum des Terrariums.

Gekaufte oder gezüchtete Futtertiere lassen sich zusätzlich vitaminisieren, indem man sie in Plastikbeuteln oder Büchsen kurzzeitig einfriert (etwa durch Einlegen in einen Kühlschrank, wo sie oft bis zu einem Tag lang schadlos überstehen können) und danach mit Vitamin- oder Mineralstoffpulver überstäubt. In diesem Zustand benötigen Fliegen, Grillen oder Schaben einige Zeit, bis sie wieder aktiv fliegen oder laufen können, so daß wiederum eine gleichmäßige Verteilung im gesamten Terrarium erfolgt und jeder Frosch etwas von der Nahrung abbekommt. Da Ried- und Ruderfrösche zumeist nachts aktiv sind, empfiehlt es sich, die Fütterung abends nach dem Sprühen der Terrarien vorzunehmen.

Wer sich für eigene Futtertierzuchten entscheidet, spart Geld, muß aber manche Unannehmlichkeiten (Geruchsbelästigung, zusätzliche aufwendige Arbeiten und Belästigung durch unvermeidlich aus den Zuchten entkommene Insekten) in Kauf nehmen. Am einfachsten gestaltet sich die

Zucht von flugunfähigen Essigfliegen *(Drosophila melanogaster* „vestigial") mit Stummelflügeln und *D. hydei* mit deckartig ausgebildeten Flügeln). In Halblitergläsern oder Laborkolben wird ein Nährmedium, beispielsweise handelsüblicher Baby-Gemüsebrei mit Möhren, Apfelmus-Agar oder eine Knödelmehl-Aufschwämmung etwa 2 bis 3 cm dick eingebracht. Darauf streut man eine Prise Trockenhefe und legt einige Fruchtstücken hinzu. Als Kletterunterlage dient etwas Fließ- oder Toilettenpapier. Eine größere Menge Essigfliegen (mindestens 100 pro Glas) bietet die Garantie für eine rasche Eiablage und verhindert ein Verschimmeln des Nährsubstrates.

Stubenfliegen lassen sich in Käfigen (Holzkästen mit Gazeeinschlupf oder Vollgazebehälter) halten und mit Zukker, Milchpulver und Wasser ernähren. Als Eiablagebehälter eignen sich mit Kleie und Quark gefüllte Plastikschalen, wobei als Zuchtstimulation etwas Hefe aufgestreut wird.

Täglich wechselt man die Eiablagegefäße aus und stellt neue in den Fliegenkäfig. In den mit Eiern belegten Gefäßen entwickeln sich rasch Fliegenlarven, die stets frischen Quark, der unter die Kleie gemischt wird, benötigen. Durch den hohen Verdauungsumsatz entstehen Gase, die im Verein mit bakteriellen Gärungsprozessen bewirken, daß es im Inneren der Substrate sehr heiß wird. Schon bald verpuppen sich die Fliegenmaden. Nun ist es Zeit, die Zuchtbehälter in hohe Fliegenkäfige zu stellen, wo die Imagines schlüpfen sollen. Benötigt man nicht alle Fliegen sofort, so lassen sie sich mehrere Wochen lang im Puppenstadium durch Kühlschranklagerung schadlos in ihrer Entwicklung stoppen.

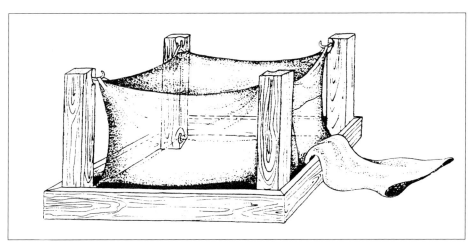

Vollgazekäfig zur Haltung und Zucht von Stubenfliegen (nach Mattison)

Grillen und Schaben sind als Futterzucht anspruchsvoller als Fliegen. Sie lassen sich in Eimern oder größeren Terrarien halten und vermehren sich permanent. Ihre Eier legen sie in kleine Gläschen oder Plastikbüchsen mit erdfeuchtem Torf, wo auch die Larven schlüpfen. Keinesfalls darf das tägliche Befeuchten der Behälter vergessen werden, da ansonsten die Brut vertrocknet. Als Futter für Larven und Imagines der Schaben und Grillen eignen sich im Großhandel erhältliche Forellenaufzuchtspellets, aber auch Weizenkeime und andere Kornaufschlüsse. Stets benötigen die Tiere pflanzliches Futter wie Salat, geriebene Möhren, Apfel, Kohl usw. Im Sommer können Löwenzahnblätter als billiges Futter verwendet werden.

Man ordnet am besten die einzelnen Altersgruppen von Schaben und Grillen in gesonderten Behältern, so daß stets eine Übersicht über das vorhandene Futter gegeben ist und das Verfüttern von Tieren entsprechender Größe ermöglicht wird.

Mäusezuchten für das permanente Erhalten von „Babymäusen" lassen sich am besten in standardisierten Mäusekäfigen einrichten. Als Bodenstreu eignen sich Hobelspäne; eine Trinkflasche sorgt für stete Flüssigkeitszufuhr. Mäusezuchtpellets, die von verschiedenen Firmen angeboten werden, beinhalten meistens viel tierisches Eiweiß, wodurch die Mäuse viele Würfe in kurzer Zeit hervorbringen. Beim Entnehmen der nestjungen Mäuschen ist zu beachten, daß mindestens ein Jungtier pro Wurf bei der Mutter verbleibt, um die Milch abzutrinken und eine allmähliche Verringerung der Milchproduktion zu bewirken.

Regenwürmer, die von vielen Ruderfröschen gern gefressen werden, eignen sich nur bedingt für eine Zucht. Am besten lassen sich Mistwürmer (Eisenia foetida) in gut belüfteten Holzkisten mit lockerer Lauberde vermehren. Als Futter dient ein im Großhandel erhältliches Futtermehl. Sehr billig ist auch das Verfüttern gekochter Essensabfälle (Kartoffel- und Möhrenschalen, Nudeln, Reis usw.), wenn zusätzlich Vitamine und Mineralstoffe gegeben werden. Kleinere Frösche nehmen Regenwürmerstücke auf, größere verschlingen in eigenartig anmutenden „Beutekämpfen" auch recht lange Würmer.

Manche Tiere verschmähen Mistwürmer, da diese ein bitteres Sekret absondern. Für diese Froschlurche sollte man andere Futtertiere wählen.

Parasiten, Krankheiten, Therapien

Wenn auch über die Hyperoliidae und Rhacophoridae bisher nur spärliche veterinärmedizinische Erkenntnisse vorliegen, sollen an dieser Stelle einige

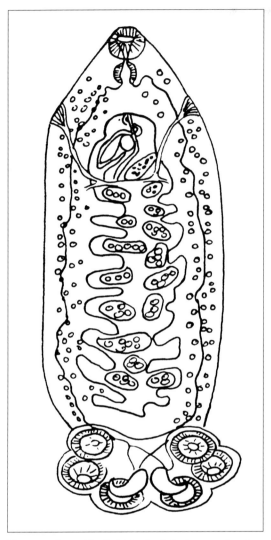

Trematoden, die bei Ruderfröschen gefunden wurden: *Polyostoma rhacophori* (aus Reichenbach-Klinke & Elkan)

Wochen betragen. In dieser Zeit offenbaren sich bei Haltungstemperaturen zwischen 23 und 29 °C die meisten infektiösen Krankheiten. Ganz besonders sorgfältig muß die Quarantäne aus dem Freiland importierter Ried- und Ruderfrösche durchgeführt werden, da sie mit hoher Sicherheit Parasiten besitzen, die für den übrigen Tierbestand gefährlich werden können. Aber auch permanent in den Terrarienbeständen vorhandene „Hausparasiten" vermehren sich unter Umständen durch den Transport geschwächter Tiere sehr stark, so daß sie eine Epidemie auslösen können. Therapieversuche werden später an einigen Beispielen unterbreitet.

Viele Krankheitsbilder entstehen durch falsche Haltung der Frösche. Beispielsweise zeigen zu feucht gehaltene Riedfrösche weniger intensive Farben, nehmen immer weniger Nahrung zu sich und sterben schließlich. Ähnliche Symptome kommen bei Hyperoliiden und Rhacophoriden vor, wenn das 12-Stunden-Beleuchtungssystem nicht eingehalten wird, Verstecke oder spezifische Klettermöglichkeiten (bei einigen Arten) fehlen, oder die Temperaturen nicht in der Norm liegen.

allgemeine Grundsätze sowie spezielle Erfahrungsberichte zusammengefaßt werden. Eine Quarantäne der aus tropischen oder subtropischen Klimaten stammenden Tiere muß etwa vier

Von einigen Arten wurden sogar bereits die Vorzugstemperaturen bestimmt: *Hyperolius horstocki* 33,2 °C, *H. marmoratus nyasae* 28,2 °C und *Buergeria buergeri* 28,7 °C.

Starke Abweichungen von den artgerechten Umweltbedingungen führen auch zu Lethargie, stumpfer Haut, eingefallenen Augen, Hautläsionen und erhöhter Anfälligkeit gegenüber Ektoparasiten.

Ernährungsfehler führen insbesondere bei der Larven- und Jungtieraufzucht zu vehementen Problemen. Sie zeigen sich vor allem in Vitaminmangelsymptomen und ernährungsbedingten Mißbildungen. Von den ersteren wird am häufigsten Vitamin-A-Mangel beobachtet, der sich durch allgemeine Schwäche, Zittern der Extremitäten und deren zeitweise Funktionsuntüchtigkeit, Knochenverformungen und Fehlkoordination bei der Nahrungsaufnahme erkennen läßt. Abhilfe schafft eine vitamin-A-reiche Ernährung der Futtertiere (grünes Gemüse, Leberstücken und Fischfleisch) bzw. das Einträufeln von Vitamin-A-Lösung mittels Pipette in das vorsichtig geöffnete Froschmaul.

Gerade die sonnenexponierten Arten benötigen viel Vitamin D bzw. dessen Vorstufe. Ein Mangel zeigt sich in Knochenschwäche und -verformungen. Mineralstoffmischungen enthalten in den meisten Fällen die wichtigsten D-Vitaminkomponenten, so daß bereits ein regelmäßiges Einpudern der Futtertiere mit einem pulverförmigen Präparat vorbeugt und Abhilfe schafft.

Fehlen Vitamine der B-Gruppe, so deutet sich das meistens durch nervöses Fehlverhalten der Frösche an. Die Tiere weichen wesentlich von ihrer normalen Ethologie ab, sie schlafen z.B. nicht mehr, oder Baumbewohner sitzen nur noch am Boden.

Die vorsichtige Gabe von Tropfen einer Multi-Vitamin-Lösung in das geöffnete Froschmaul schafft meistens Abhilfe. Manche Individuen speien sofort die oft bitter schmeckenden Vitaminpräparate wieder aus. Bei ihnen empfiehlt sich eine genaue Langzeitbeobachtung. In jenem Augenblick, wenn sich die Häutung anbahnt, wird die Vitaminlösung einfach auf den Rücken getropft. Die Frösche verzehren sie dann zusammen mit der abgestreiften Haut.

Wunden, die durch den Transport oder zeitweise unsachgemäße Haltung auftraten, konnten in den meisten Fällen binnen weniger Tage durch Einreibung mit Lebertransalbe geheilt werden. Weiße Augenbeläge, die insbesondere bei *Polypedates*, *Rhacophorus*, *Leptopelis* und *Kassina* auftreten, lassen sich durch OTC-Augensalbe behandeln. Je nach Fortschreiten der vermutlich durch Pilze als Sekundärinfektion akut werdenden Entzün-

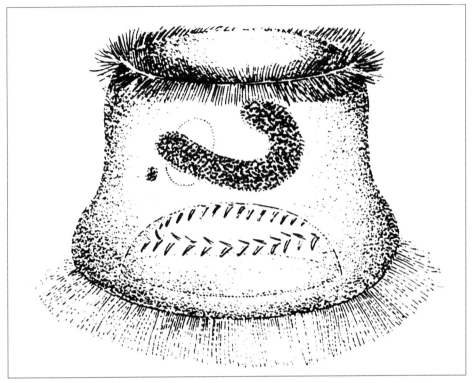

Trichodina spec., ein einzelliger Parasit, der vor allem die Atemlöcher der Larven befällt (nach Marcus)

dung des Auges bleibt es funktionstüchtig erhalten, funktionsuntüchtig erhalten, oder es verfällt, und das Lid schließt sich. Viele Ried- und Ruderfrösche sind – auch in der Natur – gut in der Lage, mit nur einem funktionstüchtigen Auge weiterzuleben. Der Beutefang gelingt nahezu uneingeschränkt weiter gut.

Eine häufig zu beobachtende bakterielle Infektion wird durch *Aeromonas hydrophila* verursacht. Diese Bakterien bewirken bei einer Massenvermehrung im Froschkörper das Ver-

blassen der Hautfärbung sowie hektische, sehr unruhige Bewegungen. Trockenere Haltung, Beleuchten mit schwachen UV-Leuchtstoffröhren und eine wochenlange tägliche Tetracyclinbehandlung (10minütige Bäder mit 25 mg pro 1 ml Wasser) verdünnen den Bakterientiter im Froschkörper.

Eine Reihe von Viren kann bei Amphibien Tumoren verursachen, die kaum behandelbar sind. Auch das Auftreten von Hautpilzen (z. B. *Basidiobolus ranarum)* läßt sich nur sehr schwer durch desinfizierende Bäder

(Kaliumpermanganatlösung) beheben. Die berüchtigte „Red-legs-Seuche", die sich durch das Hervortreten der Beinkapillaren und eine damit verbundene Rotfärbung manifestiert, kommt bei Baumfröschen seltener vor. Trockene Haltung in Drahtgefäßen ohne Boden (aus weicher Müllergaze) und ein- bis zweistündige Bäder in einer 1,2%igen Kupfersulfatlösung fördern Desinfektion und Abheilung.

Einzellige Parasiten treten oft an der Haut von Froschlurchen auf. *Trichodina* beispielsweise befällt gelegentlich Rhacophoridenlarven und behindert durch die Ansammlung in den Atemlöchern den Gasaustausch. Eine mehrstündige Trypaflavin- (10 mg pro 1 Liter Wasser) oder Kupfersulfatbehandlung (2 mg pro 1 Liter Wasser) schafft Abhilfe.

Dermosporidium bildet dicke, kraterartige Cysten auf der Froschhaut. Leider sterben alle von diesen Bakterien befallenen Tiere, da noch keine Behandlung bekannt ist.

In den Rückenlymphsäcken von Rhacophoriden entwickeln sich gelegentlich Egel der Gattung *Philaemon*. Manchmal bewohnen sie aber auch in unterschiedlichen Entwicklungsstadien die Bauchhöhle. Diese großen Parasiten lassen sich nur vorsichtig mechanisch durch einen erfahrenen Tierarzt entfernen.

Die Larven der Fliegengattung *Gastrops* wurden als Parasiten an den

Gelegen mehrerer Froscharten, so auch bei *Polypedates,* gefunden. Sie fressen die Embryonen aus den Eihüllen.

Um Schnitte oder andere Behandlungen, aber auch Experimente mit Froschlurchen durchzuführen, ist es manchmal erforderlich, die Tiere zu narkotisieren. Das gelingt mit folgenden Substanzen in entsprechender Dosierung und Applikationsweise: Pentaorbital-Natrium (60 mg pro 1 kg Körpermasse, Injektion in den Rückenlymphsack oder in die Bauchhöhle), Hexaorbital-Natrium (120 mg pro 1 kg Körpermasse, Injektion in den Rückenlymphsack), Paraldehyd (4,2 g pro 1 kg Körpermasse, Injektion in den Bauchlymphsack), Chloral-Hydrat (10%ige Lösung, Injektion in den Rückenlymphsack) und Tricuran als Mittel zum vorübergehenden Stillegen der Extremitäten-Muskulatur (1 ml einer 10%igen Lösung pro 100 g Körpermasse, Injektion in einen Beinmuskel).

Je nach dem Ziel der weiteren wissenschaftlichen Bearbeitung können frisch verendete Frösche in einer steigenden (40 bis 70 %) Alkoholreihe für morphologische Untersuchungen, in Bouin oder Formalin für histologische Schnitte, für wenige Stunden im Kühlschrank für bakterielle Analysen sowie tiefgefroren für die Verarbeitung zu didaktischen Abgußpräparaten fixiert bzw. aufbewahrt werden.

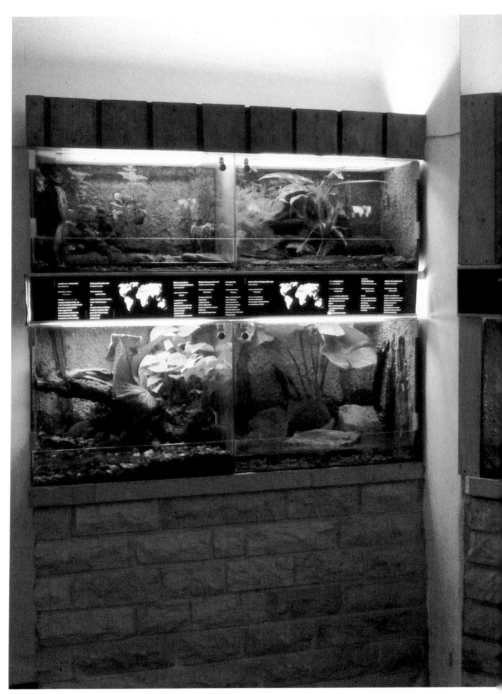

Einige Baumfroschterrarien des Amphibien-Vivariums im Naturhistorischen Museum

Schloß Bertholdsburg

Vielfalt der Fortpflanzung

Paarungsverhalten
und Vermehrungsstrategien

Im Gegensatz zur von Fröschen allgemein bekannten Fortpflanzungsweise vermehren sich die meisten Ruderfrösche völlig oder mindestens zeitweise unabhängig von Gewässern. Sehr viele Arten der südostasiatischen Gattungen *Rhacophorus* und *Polypedates* bauen, wie bereits berichtet, an Bäu-

men hängende Schaumnester. Am Beispiel des bekannten Weißbart-Ruderfrosches soll diese Fortpflanzungsweise im Detail beschrieben werden: Während der Regenzeit erweitern sich viele stehende Gewässer, kleine temporäre entstehen. Nun ist eine große Auswahl von Laichorten vorhanden, Sträucher oder Baumzweige, die über einer Wasserfläche positioniert sind. An solchen idealen Laichplätzen fin-

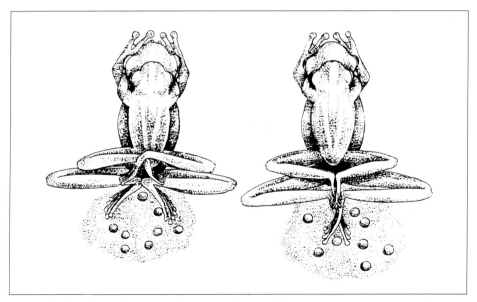

Ein Ruderfroschpaar beim synchronen Schaumschlagen

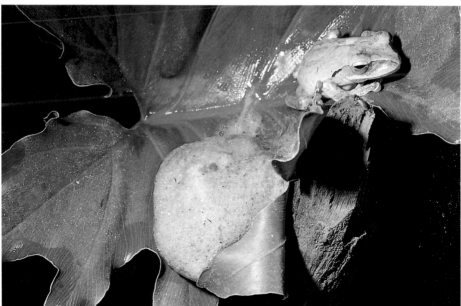

Fortpflanzungsbiologie des Weißbart-Ruderfrosches *(Polypedates leucomystax)*; oben: Die Paarung findet in den Zweigen von Pflanzen statt; unten: Das dabei produzierte Schaumnest haftet fest an Blättern oder im Geäst;

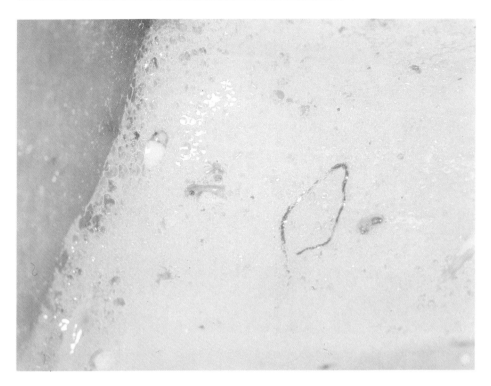

oben: Die Larven besitzen Dottersäcke und bewegen sich nicht im Schaum; unten: Durch Regen oder hohe Luftfeuchtigkeit löst sich der Schaum auf, und es schlüpfen Larven, die sich in stehendem Wasser weiterentwickeln

den sich oft sehr viele Ruderfrosch-
paare ein, um unter dem Tönen knar-
render Stimmen der Männchen (zwei
verschiedene Paarungsrufe wurden
beobachtet) zueinander zu finden.
Gelegentlich paaren sich die Tiere
auch an Stellen ohne Wasser oder
sofort auf dem Boden. In diesen Fällen haben Nachkommen keine Ent-
wicklungschancen. Sehr selten paaren
sich die Frösche am Gewässerrand
und bauen dort schwimmende
Schaumnester. Zunächst sitzen die
kleineren Männchen eine Zeitlang auf
ihren durch den Laich im Körperinne-
ren wohlbeleibten Partnerinnen in
einer Paarungsumklammerung. Der
Laichakt wird durch das Austreten
von einigen Tropfen der durchsichtigen Schaumsubstanz (Primärschaum)
aus der Kloake des Weibchens eingeleitet. Mit seinen Hinterextremitäten
schlägt es nun (nur selten hilft das
Männchen mit synchronen Beinschlä-
gen) diese Flüssigkeit zu einer schau-
migen Masse. Erst wenn bereits ein
neues Schaumpaket entstanden ist,
treten gemeinsam mit der Flüssigkeit
die ersten weißen, 1,8 bis 2 mm großen Eier aus. Sie werden in den
Schaum beim Schlagen eingemischt. In
mehreren Schüben mit je 5 bis 9
Schlagbewegungen erfolgt der Bau des
Schaumnestes. Dieser Vorgang verläuft nicht kontinuierlich, sondern
zwischen den Schüben werden kurze
Pausen von 25 bis 60 Sekunden einge-

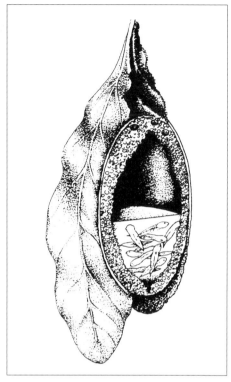

Kurz vor dem Schlupf aus dem Schaumnest hat sich aus den gelösten Bestand-
teilen des Nestes und den Larvenexkre-
ten eine Flüssigkeit gebildet, die diesen
Schnitt wie den Blick in ein Mikroaquarium anmuten läßt

legt. Während dieses Prozesses senkt
das Männchen seine Kloake zur Besa-
mung herab, so daß seine Spermien
über die Eizellen im Nest, aber auch
durch die Kloake des Weibchens ein-
dringend bis in die Schaumdrüse
gelangen können, wo sie bevorratet
werden. Nach dem Abschluß der Paa-
rungszeremonie verläßt das Männchen
zuerst nach vorn das Schaumnest, das

Paarung des Chinesischen Riesenflugfrosches *(Polypedates dennysii)*

Weibchen folgt danach, indem es sich seitwärts abwendet. Der zunächst weiße Schaum trocknet binnen weniger Minuten in seinen äußeren Schichten ein und färbt sich dabei hellbraun. Eier, die beim Schlagen in der Peripherie des Nestes positioniert wurden, vertrocknen mit. In der Natur wurden bisher als einzige Feinde der Schaumnester Fliegenlarven gefunden, die sich von Eiern und Schaummasse ernähren.

Die Eier rutschen durch die Schwerkraft allmählich in den unteren Teil des Schaumnestes. Dort beginnt auch die Embryonalentwicklung. Während dieses Prozesses bilden sich um die einzelnen Eier, wahrscheinlich durch die Wirkung der Exkrete von Embryonen und Larven, zunächst kleine und später immer größer werdende braune Flüssigkeitströpfchen aus gelöstem Schaum. Schließlich vereinigen sie sich

Prachtriedfrosch *(Hyperolius viridiflavus)*, eine ostafrikanische Art

zu einem Mikroaquarium, das die Larven nach 6 bis 7 Tagen verlassen. Der Schlupf wird durch Regen oder den Durchbruch der braunen Flüssigkeit induziert. Die Kaulquappen tropfen in das Laichgewässer. Sie befinden sich zu diesem Zeitpunkt in unterschiedlichen Entwicklungsstadien, was wahrscheinlich auf ihre differenzierte Lage innerhalb des Schaumnestes zurückzuführen ist. So oder ähnlich verlaufen

bei den meisten schaumnestbauenden Ruderfröschen Paarung und Entwicklung des Schaumnestes. Auf die Besonderheiten bei den einzelnen Arten geht der spezielle Teil dieses Buches ein.

Eine Art der Gattung *Rhacophorus*, der Kleinohrfrosch *(Rhacophorus microtympanum)* und drei *Philautus*-Arten vollziehen eine direkte Entwicklung im Ei. Die Baumfrösche der

63

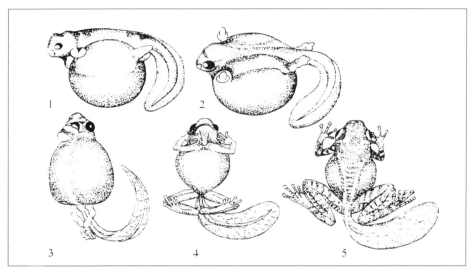

Direkte Entwicklung im Ei eines *Philautus lissobranchis* (Philippinen) (nach Alcala)

Gattung *Philautus* legen 10 bis 12 durchsichtige Eier auf farbige Blätter von Kannenpflanzen *(Nepenthes sanguinea)*, die ihnen wahrscheinlich

Weibchen des Kleinohrfrosches *(Rhacophorus microtympanum)* mit am Bauch anhaftendem Eipaket

einen gewissen Schutz vor am Laich parasitierenden Insekten bieten. Binnen 35 Tagen erfolgt die Entwicklung bis zum Schlupf der vollständig metamorphosierten Jungfrösche. Jeden Entwicklungsschritt kann man durch die durchsichtigen Eihüllen verfolgen. Die Weibchen der Kleinohrfrösche *(Rhacophorus microtympanum)* legen etwa 20 große Eier (Durchmesser 5 bis 6 mm) am Boden ab, die fest aneinander kleben und dabei die Form einer flachen Scheibe ausbilden. Das Gelege benötigt eine feuchte Umgebung, um sich gut zu entwickeln. Das Weibchen bedeckt es häufig mit seinem Bauch und trägt es auch bauchseits zu einem feuchten Ort, wenn das erforderlich ist. Auch in diesen Eiern vollzieht sich eine direkte Entwicklung. Bei den asiatischen Ruderfroschgattungen

Larve des Prachtriedfrosches *(Hyperolius viridiflavus)*

Nyctixalus und *Theloderma* wurden ebenfalls sogenannte „Nonfeeding"-Kaulquappen beobachtet, das heißt, es handelt sich um Frösche, deren Larven niemals freischwimmend in Gewässern vorgefunden werden und sich in ihren Eihüllen, speziellen Nestern bzw. am Körper der Eltern aufhalten. Ihre Ernährung erfolgt ausschließlich durch den reichen Dottervorrat.

Einige Arten der Gattung *Buergeria* bauen Schaumnester, andere (etwa *B. buergeri)* legen ihre schwarzbraun gefärbten, 1,3 mm großen Eier an Steinen oder Wasserpflanzen am Gewässerrand ab. Sie sind von drei Gallerthüllen umgeben. Die Larven schlüpfen direkt in die Gewässer, wo sie sich weiter entwickeln und vegetarisch ernähren.

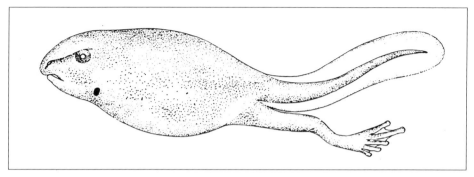

In der Metamorphose befindliche Larve aus einem Ei des Kleinohrfrosches *(Rhaco-phorus microtympanum)*

Erst in jüngster Zeit gelangen detaillierte Studien über die Fortpflanzung der Gattung *Chirixalus*. Die auf der Insel Ishigaki vorkommenden Eiffinger-Frösche *(Chirixalus eiffingeri)* legen ihre Eier in wasserführende Baumhöhlen und Bambusstümpfe. Die Gelege (27 bis 159 Eier) werden aber nicht in das Wasser, sondern direkt über dessen Oberfläche positioniert: Bis zu zwei Eiablagen erfolgen pro Fortpflanzungsperiode. Die Männchen treiben eine Brutpflege, indem sie von Zeit zu Zeit in die Höhle steigen, sich in die Wasseransammlung setzen und danach über die Gelege rutschen, so daß eine permanente Befeuchtung der Eier erfolgt. Die geschlüpften Larven gleiten in das Wasser der Asthöhlen und werden von den Weibchen mit unbefruchteten Nähreiern gefüttert. Die Tiere setzen sich oft in das Wasser, wo sie die Kaulquappen durch ständige Schnauzenstöße in die Kloakenregion zur Eiab-

lage stimulieren. Dementsprechend fällt beim Betrachten des Körperbaues der *Chirixalus*-Larven auf, daß sie nur stark rudimentierte Zahnreihen sowie einen kurzen, für die Verdauung von tierischem Eiweiß geeigneten Darm besitzen. Das Mundfeld ist dehnbar, so daß ein ganzes Ei aufgenommen und stückweise (Bevorratung) abgeschluckt und verdaut werden kann.

Mundfeld einer Larve des afrikanischen Frosches *Phlyctimantis verrucosus* (aus Schioz)

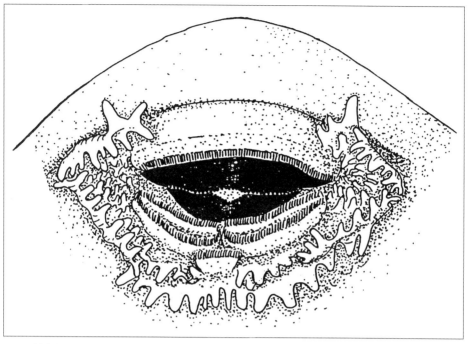

Mundfeld einer Larve des japanischen Ruderfrosches *Buergeria buergeri* (nach Okada)

Diese komplizierte Fortpflanzungsstrategie ähnelt der Larvenfütterung beim bekannten Erdbeerfröschchen *(Dendrobates pumilio)* aus der südamerikanischen Familie der Baumsteigerfrösche (Dendrobatidae).

Während sich die afrikanischen Grauen Baumfrösche der Gattung *Chiromantis* sehr ähnlich wie die schaumnestbauenden asiatischen Ruderfrösche vermehren, legen die Arten der madagassischen Gattungen *Aglyptodactylus* und *Boophis* bis zu 200 etwa 2 mm große, dunkel gefärbte Eier einzeln in Bäche oder als Ballen in stehende Gewässer ab, wo sich Larven entwickeln und vegetarisch ernähren.

Nicht ganz so vielfältig wie die Fortpflanzungsstrategien der Ruderfrösche sind die der Riedfrösche. Die meisten *Hyperolius*-Arten, *Acanthixalus, Callixalus, Chrysobatrachus, Cryptohylax, Heterixalus, Kassina, Kassinula, Phlyctimantis* und *Tornierella* paaren sich in stehenden oder langsam fließenden Gewässern und deponieren ihren pigmentierten Laich selten in Ballen, meist aber in Form kleiner, einzeln abgelegter Eier zwischen Wasserpflanzen bzw. am Grund flacher Tümpel. Einige *Hyperolius*-Arten, zum Beispiel der Gemalte Riedfrosch *(Hyperolius picturatus)* positionieren „eierkuchenartige" Ei-

Spitzkopf-Bananenfrösche *(Afrixalus fornasini)* besitzen gelegentlich einen einfarbig cremeweißen Rücken (oben), oder sie sind gestreift (unten)

pakete an Pflanzen oder Steinen in Gewässernähe. Diese haben entweder cremeweiße oder grüne Färbung, je nach dem Ablagesubstrat. Die Bananenfrösche *(Afrixalus)* haben sich darauf spezialisiert, in Blattachseln zu laichen. Je nach örtlichen Bedingungen gleiten die frisch geschlüpften Larven in einen wassergefüllten Pflanzentrichter oder in eine bodenständige Wasserlache, wo sie sich weiter entwickeln. Waldsteigerfrösche *(Leptopelis)* setzen unpigmentierte Eier am feuchten Boden zwischen Moos, Laub und Pflanzen ab. Die daraus geschlüpften Larven bewegen sich schlängelnd an Land bis zum nächsten (meist nahe liegenden) Gewässer fort. Etwas einfacher haben es dagegen die Kaulquappen der auf den Seychellen vorkommenden Gattung *Tachycnemis*. Diese Frösche deponieren ihren Laich an Baumstämmen und Pflanzenteilen, die später vom Wasser überflutet werden, so daß sich alle schlüpfenden Larven sofort in einem Gewässer befinden. Die einzige Hyperoliidengattung mit nur einer Art, die Schaumnester baut, ist *Opisthohylax* von Südnigeria und Gabun. Ihre kleinen Schaumpakete werden an Bäumen und Sträuchern über Gewässern gefunden.

An die oben beschriebene Vermehrungsweise von *Chirixalus* erinnert die der afrikanischen Gattung *Acanthixalus*. Auch diese Tiere nutzen von Wasser gefüllte Baumhöhlen zur Eiablage. Einzelheiten über die Ernährungsweise der Larven sind allerdings noch nicht bekannt.

Wie ist das Ablaichen stimulierbar?

Mit der Kenntnis der vielfältigen Fortpflanzungsstrategien von Ruder- und Riedfröschen ist es möglich, geeignete Bedingungen im Terrarium für deren Zucht zu schaffen. Je nach der Vermehrungsweise müßte also, von Art zu Art differenziert, für eine spezielle Einrichtung gesorgt werden: Pflanzen und Zweige für den Schaumnestbau, Zisternentrichter oder Asthöhlen, ein aus weicherem Boden imitierter Uferbereich usw.

Die meisten Rhacophoriden und Hyperoliiden lassen sich am besten durch ein rasches Erhöhen der Luftfeuchtigkeit nach längerer trockener Haltung zum Laichen bringen. Durch ein Beregnungsbecken, wie es bereits im Kapitel über die Terrarieneinrichtung beschrieben wurde, kann am besten mehrere Tage lang ununterbrochen ein künstlicher Regen produziert werden. Der beste Zeitpunkt ergibt sich aus den Erkenntnissen über die Fortpflanzungsperiode der einzelnen Arten im natürlichen Biotop, über die, sofern sie bekannt sind, der spezielle Teil dieses Buches informiert.

Beim südostasiatischen Ruderfrosch *Polypedates colletti* lassen sich die Geschlechter nach der Größe unterscheiden; links das kleinere Männchen, oben das größere Weibchen

Die Geschlechtsunterscheidung bei *Boophis madagascariensis* erfolgt nach dem Körperumfang: oben das schlankere Männchen, rechts das dickere Weibchen

Nach der Beregnung und Paarung sollten die Frösche wieder in ihr Stammterrarium zurückgesetzt werden. Sie benötigen nun viel Nahrung und ein trockenes Klima. Trotz der Kurzlebigkeit vieler Riedfrösche kann man durch Einlegen trockener oder kühlerer Haltungsphasen versuchen, auch diese Tiere am Leben zu erhalten. Gelang einmal das Stimulieren der Paarung durch künstlichen Regen nach mehreren Tagen nicht, so empfiehlt sich ebenfalls eine längere Ruhe-

pause für die Tiere. Bevor eine weitere Beregnung erfolgt, sollten die Frösche besonders gut gefüttert und die Weibchen auf einen Laichansatz hin überprüft werden.

Ein weiteres bei Rhacophoriden und Hyperoliiden nur selten notwendiges Verfahren, die Vermehrung einzuleiten, ist die Methode der hormonellen Stimulation. Hierbei wird zunächst dem Männchen und später dem Weibchen eine dem Körpergewicht des Individuums entsprechende

Menge des synthetischen Luliberin-Derivates Sufragon injiziert. Für einen Weißbart-Ruderfrosch *(Polypedates leucomystax)* wären beispielsweise 80 μ (Männchen) und 100 μ (Weibchen) erforderlich. Es empfiehlt sich, gleich mehrere Tiere beider Geschlechter zu stimulieren, da sich oft nur schwerlich synchrone Paare zusammenfinden. Durch den Geschlechtsdimorphismus in Größe (Rhacophoridae) und Färbung (Hyperoliidae) lassen sich einfache Zucht-gruppen zusammenstellen. Die Injektion erfolgt intramuskulär und sollte in einen Muskel des Oberarmes gegeben werden. Je hypophysennäher das Hormon appliziert wird, um so größer sind die Wirkungschancen. Durch Überdosierung kann keinerlei Schaden auftreten, nur bei unsachgemäßer Anwendung (unsterile Kanülen) oder zu hohem Volumenanteil der Flüssigkeit.

Die hormonstimulierte Fortpflanzung verläuft völlig identisch mit der ökologisch geförderten, das heißt, die Entwicklung der Nachkommen ist bei beiden Formen gleich. Manche Terrarianer glauben, daß durch hormonelle Stimulation hervorgebrachte Jungtiere unfruchtbar wären. Diese Annahme stimmt nicht. Schließlich geschehen durch die Hormongabe keine anderen Prozesse, als sie sonst aufgrund äußerer Einflüsse ohnehin im Organismus stattfinden würden. Selbstverständlich sollte eine Beregnung immer der Hormongabe vorgezogen werden, letztendlich ist ein solches Präparat auch sehr kostenaufwendig. Trotzdem hat diese Methode etwa für schwierige Erstzuchten oder Laborzuchtlinien, die nicht jahreszeitabhängig sein können, ihre Berechtigung. Oft gelingt die Zucht schwer zu vermehrender Arten erst durch Kombination von Beregnung und hormoneller Injektion. So konnte beispielsweise erstmals der Schwarzpunkt-Flugfrosch *(Rhacophorus pardalis)* nachgezogen werden. Die Filialgeneration läßt sich durch ihre Gewöhnung an Terrarienbedingungen von Anfang an meistens sehr viel einfacher und ohne Hormongaben weiterzüchten.

Erwachsenes Tier (rechts) und Schaumnest (oben) des ceylonesischen Kreuzrückenruderfrosches *(Polypedates cruciger)*

Entwicklung des Kreuzrückenruderfrosches *(Polypedates cruciger)*; oben: Kaulquappe; unten: Landgang während der Metamorphose;

oben: Jungtier nach Resorption des Schwanzes; unten: Jungtier einen Monat nach der Metamorphose

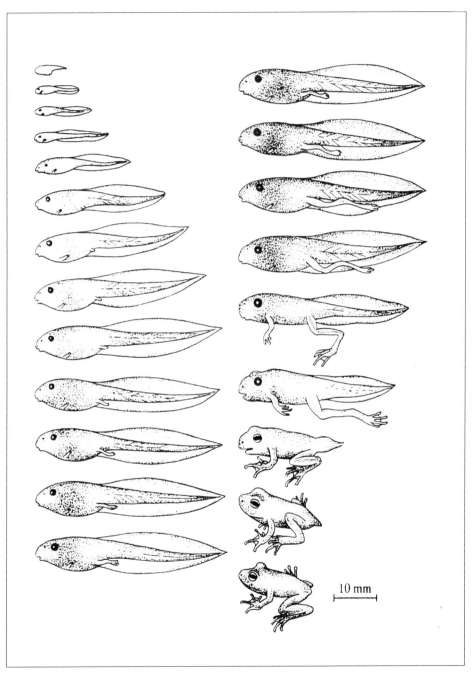

Ontogenetische Reihe des Punktierten Ruderfrosches *(Rhacophorus maculatus)*
(nach Steinigweg)

Vom Ei bis zum Jungtier — Aufzuchtmethoden

Die einfachste „Brutmethode" von Rhacophoriden-Schaumnestern ist das Auflegen auf eine Wasseroberfläche in einem kleinen Aquarium. Sind die Eier im Nest gut befruchtet, entwickeln sich die Larven auch im schwimmenden Nest. Man sollte allerdings mit dem Abnehmen des Nestes nicht länger als einen Tag lang warten, da sich sonst bereits die meisten Eier im untersten Bereich angesammelt haben und die Flüssigkeitsbläschenbildung beginnt. Wird in diesem fortgeschrittenen Stadium die Lage des Nestes verändert, stagniert oft die Entwicklung, und es kommt zu Fäulnis und Zersetzung des Schaumes.

Sind die Kaulquappen schlupfbereit, so verlassen sie selbständig das Schaumnest, dessen Reste vorsichtig von der Wasseroberfläche abgeschöpft werden können. Die freischwimmenden Larven benötigen bei einem Wasservolumen von ca. 0,5 Liter pro Larve ständig Frischwasser, so daß sich ein täglicher Wasserwechsel empfiehlt. Auch eine permanente Filterung und Durchlüftung des Wassers ist erforderlich. Die Sauerstoffzufuhr kann verbessert werden, wenn als Aufzuchtsbecken sehr flache, großflächige Glasbehälter verwendet werden.

Gelege von Bananenfröschen (Afrixalus) und Hyperolius-Arten, die an Blätter oder Steine geheftet sind, entnimmt man mitsamt dem Substrat und inkubiert sie unter möglichst keimarmen Bedingungen in Glas- oder Plastikbehältern (z. B. Kühlschrankdosen) bis zum Schlupf der Larven, die dann ebenfalls in flachen Terrarien aufgezogen werden. Der Wasserlaich der meisten Arten entwickelt sich im Zuchtterrarium am besten bis zum Schlupf der Larven, dann erfolgt das Umsetzen in die Aufzuchtsbehälter.

Bis auf die spezialisierten Kaulquappen von *Chirixalus* lassen sich alle Rhacophoriden- und Hyperoliidenlarven gut mit pflanzlichen Stoffen (gebrühter Salat, gefrosteter Spinat, getrocknete Brennesseln, Löwenzahnblätter usw.) oder Zierfisch-Eiweißflockenfutter ernähren. Eine wertvolle Beikost bilden Forellen-Aufzuchtspellets.

Viele Ruderfrosch-Kaulquappen besitzen einen hell irisierenden Schnauzenfleck. An dieser Körperstelle sind bei den Larven keine schwarzen Farbzellen (Melanophoren) ausgebildet.

Der Fleck besteht aus Guanin-Kristallen, die durch ihre helle reflektierende Wirkung im Zusammenspiel mit den sich je nach Licht- und Wärmeverhältnissen expandierenden oder zusammenziehenden schwarzen Farbzellen der Wärmeregulation dienen.

79

Die Metamorphose verläuft bei den meisten Ruder- und Riedfröschen sehr rasch binnen weniger Tage. Darum sollten Larven, die bereits kurz vor der Ausbildung der Vorderextremitäten stehen, in die Wasserbecken von Aufzuchtsterrarien umgesetzt werden. Innerhalb einer Stunde erscheinen oft die Vorderextremitäten. Mit ihrer Hilfe verlassen die Jungfrösche sofort das Wasser. Ihr Schwanzrest bildet sich binnen 48 Stunden zurück. Nach Abschluß der Metamorphose nehmen die meisten *Rhacophorus*- und *Polypedates*-Jungtiere sofort Futtertiere in der Größe von Stubenfliegen an. Diese Insekten eignen sich auch besonders gut für die Aufzucht. Riedfrösche bewältigen nur selten sofort Stubenfliegen. Sie lassen sich mit frisch geschlüpften Heimchen, Essigfliegen und anderen kleinen Insekten ernähren. Um ihnen sofort ausreichend abwechslungsreiche Nahrung zu bieten, empfiehlt sich Wiesenplankton. Mineralstoff- und Vitaminpuderung aller Futtertiere verhütet Mangelerscheinungen während der Aufzucht. Ruderfrösche erreichen normalerweise nach 8 bis 14 Monaten die Geschlechtsreife, Riedfrösche brauchen dafür 10 bis 12 Monate. Bei letzteren sollte die Luftfeuchtigkeit während der Jungtierperiode nicht zu hoch sein, da sich sonst die prächtigen Farben dieser Tiere niemals vollständig herausbilden. Kurz vor dem Eintritt in die Geschlechtsreife empfiehlt sich eine besonders abwechslungsreiche Fütterung vor allem mit nachtaktiven Fluginsekten (Motten), da sich die anfangs auch noch tagaktiven Jungfrösche auf eine strenge Nachtaktivität umstellen. Je nach Anzahl der Individuen und Körpergröße der Frösche müssen die Aufzuchtsterrarien ausgesucht werden. Überbesetzung und unhygienische Bedingungen (eine tägliche Reinigung auch spartanisch eingerichteter Behälter ist dringend erforderlich, da Kot- und Nahrungsreste oder verunreinigte Wasserbehälter gerade bei der Massenaufzucht von Jungtieren Krankheitsherde darstellen) können die Entwicklung der Frösche verlangsamen, führen zu Streßerscheinungen und verursachen erst bei den erwachsenen Tieren zu bemerkende Schäden.

Die Geschlechtsreife ist dann erreicht, wenn die Jungtierfärbung der für die erwachsenen Frösche typischen weicht. Während kleine Hyperoliiden meist eintönig zeichnungslos weißgräulich oder cremegelb gefärbt sind, übertrifft die Jungtierfärbung mancher Ruderfrösche die der Erwachsenen in ihrer Attraktivität.

Rechts:

Kletterstudie beim Weißbart-Ruderfrosch *(Polypedates leucomystax)*

Ruder- und Riedfrösche benötigen bei der Aufzucht genügend Raum zum Klettern – hier einige Kletterstudien beim Weißbauch-Riedfrosch *(Hyperolius fusciventris lamotensis)* (links), beim Weißgestreiften Riedfrosch *(Hyperolius parallelus albofasciatus)* (oben) und beim Weißgenetzten Riedfrosch *(Hyperolius parallelus alborufus)*

83

Terraristisch bekannte Arten in speziellen Porträts

Ruderfrösche (Rhacophoridae)

Die am häufigsten gehaltene Art der Rhacophoridae ist zweifellos der Weißbart-Ruderfrosch *(Polypedates leucomystax)*. Zu Tausenden werden diese Frösche alljährlich in Laboratorien und Terrarien gezüchtet. Die hohe Produktivität (zeitweise 1 bis 2 Schaumnester pro Woche) führt regelmäßig dazu, daß so viele Larven vorhanden sind, daß eine Aufzucht aller

Philautus gracilipes aus Südchina (aus Yang)

Tiere unmöglich erscheint. Manche Terrarianer verschenken ihre Nachzucht bereits in sehr frühen Entwicklungsstadien, doch schon sehr bald finden sich keine Abnehmer mehr. In zoologischen Gärten und Vivarien dienen die Ruderfrosch-Kaulquappen als willkommenes Futter für aquatile Amphibien. Niemand sollte den Ehrgeiz besitzen, alle Nachkommen bis zur Geschlechtsreife aufzuziehen. Die durch eintönige oder nicht ausreichende Fütterung bedingten Schäden sind oft einschneidender als das frühzeitige Verzichten auf 80 % der Larven. Der meist immer über einhundert Tiere umfassende Rest wächst dafür aber unter guten Bedingungen bei optimaler Ernährung auf. Da uns der Weißbart-Ruderfrosch in mehreren Kapiteln als Beispiel diente, soll an dieser Stelle auf eine Wiederholung der Fortpflanzungsbiologie verzichtet werden. Diese Art kann als ideales „Anfängertier" empfohlen werden, sie

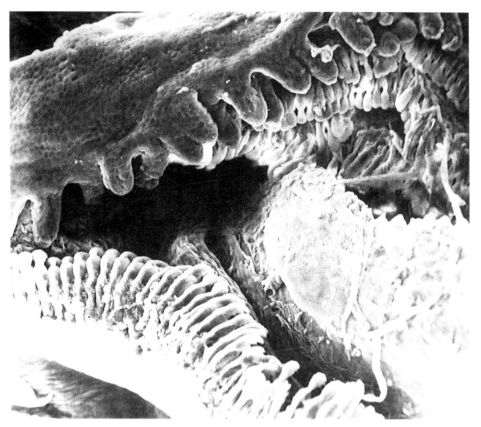

Rasterelektronenmikroskopische Aufnahme der Dentikel und Papillen am Larven-mund einer Weißbartruderfrosch-Kaulquappe *(Polypedates leucomystax)*, 500fach vergrößert

laicht meistens spontan ohne Bereg-nung und lebt sehr lange im Terra-rium.

Auch Larven und Jungtiere begnü-gen sich mit anspruchsloser Kost. Die Terrarien dürfen spartanisch einge-richtet sein, da die Frösche ihre Schaumnester an die Glasscheiben in Ecken des Behälters heften. Leider haben sich mit den Jahren viele Misch-linge verschiedener Unterarten des Weißbart-Ruderfrosches in den Terra-rien ausgebildet, so daß sich kaum noch reine Tiere im Angebot von Zoohandlungen befinden. Am attrak-tivsten erscheinen die der gestreiften Varietät angehörenden Frösche aus Vietnam, sehr groß können thailän-dische Tiere werden. Mehr gefleckt dagegen sehen die in Südchina vor-kommenden Weißbart-Ruderfrösche aus. Die vielen in der Literatur immer

Männchen des Hornlappen-Ruderfrosches *(Polypedates otilopus)*

wieder genannten Subspecies sind umstritten und wahrscheinlich nicht immer valid (als taxonomische Kategorie wirklich nachweisbar). Die Vielfalt der Färbungs- und Zeichnungsvarianten beeindruckt sehr; sie erklärt sich aus dem großen Areal des Weißbart-Ruderfrosches, das vom chinesischen und indischen Festland bis zu den Philippinen und der südostasiatischen Inselwelt reicht.

Von Kalimantan kommt der filigran gestreifte, pastell-bräunlich-beige gefärbte Hornlappen-Ruderfrosch *(Polypedates otilopus)*, der leider in Terrarien oft hinfällig ist und sich nur schwer an die Nahrung aus Futtertierzuchten gewöhnen läßt.

Meistens treffen die Frösche schon in einem schlechten, ausgehungerten Zustand in Europa ein. Hornlappen-Ruderfrösche können kürzere Strecken im Gleitflug überwinden. Sie bewohnen die Baumkronen des tropischen Primärwaldes und benötigen darum ein permanent feuchtes, tropisch warmes Terrarium.

Während die Weibchen bis zu 96,5 mm lang werden, erreichen die Männchen nur eine Körperlänge von 80,5 mm. Letztere lassen sich auch an ihrer Schallblase und durch das öfter zu hörende „Rätschen" sowie an ihren grau oder gelblich gefärbten, kleinen Brunftschwielen am ersten Finger erkennen. Wie bei manchen anderen Fröschen kann man auch bei dieser Art die Linea masculina (Männchen-Linie) an der Grenze zwischen Bauch und Körperflanke im männlichen Geschlecht erkennen. Die Funktion dieser fibrinösen Wülste ist bisher noch ungeklärt. Lineae masculinae kommen außer bei manchen *Polypedates*-Arten auch bei *Philautus*, aber auch vielen anderen Anurenfamilien vor. Sie dienen als eindeutiges Erkennungsmerkmal für die Männchen.

Zur Fortpflanzung verlassen die Hornlappen-Ruderfrösche ihre Sitzwarten und begeben sich ins Gezweig niedriger Pflanzen, die etwa 30 cm über Urwaldtümpel ragen. In ihren 200 bis 400 m über dem Meeresspiegel gelegenen Biotopen werden die Tiere ganz besonders häufig von April bis Juni beim Schaumnestbau beobachtet. Die Larven besitzen einen runden, plumpen Körper. Sie sind vor allem daran zu erkennen, daß ihr häutiger Flossensaum nur auf den Schwanz beschränkt ist und nicht weiter vorn am Rücken endet, wie bei den meisten anderen Rhacophoriden-Larven.

Vor der Metamorphose erreichen die Kaulquappen eine Länge von 53 bis 57 mm. Die Rückenfärbung ist grünlichgelb, die Bauchfärbung weißlich.

Eine sehr attraktive Ruderfroschart kommt im Süden des asiatischen Festlandes vor und bewohnt feuchte Primärwälder in der Nähe von Bächen –

Großer Ruderfrosch *(Rhacophorus maximus)* (aus Yang)

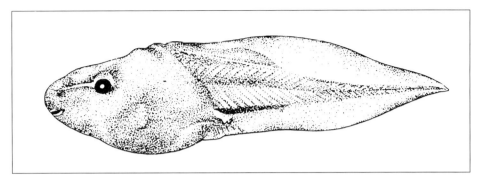

Larve des Hornlappen-Ruderfrosches *(Polypedates otilopus)* (aus Inger)
Vorseiten: *Chiromantis xerampelina*

der Grüne Chinesische Riesenflugfrosch *(Polypedates dennysii)*.

Durch die schöne grüne Färbung
gehören diese Tiere zu den beliebte-
sten Terrarienbewohnern. Sie benötigen allerdings sehr viel Raum und sollten nicht in Behältern von weniger als
1 Meter Höhe und Breite gehalten
werden. Während die Weibchen dieser
Art insbesondere an ihrer Körpergröße (bis zu 12 cm) und -fülle zu
erkennen sind (die schlanken Männchen bleiben unter 10 cm), produzieren allerdings beide Geschlechter tuk-
kernde Rufe. Die Männchen tragen
häufiger braune Flecken (Durchmesser ca. 0,5 cm) unregelmäßig auf dem
Rücken verteilt. Außerdem besitzen
sie an der Kehle eine körnig granu-
lierte sogenannte Schnauzendrüse.
Mehrfach konnten Paarungen beobachtet werden, Schaumnestbau und
Eiablage erfolgten aber bisher im Terrarium noch nicht. In der Natur ver-
paaren sich manchmal mehrere Männ-

chen gleichzeitig mit einem Weibchen.
Grüne Chinesische Riesenflugfrösche
sind sehr ausdauernd und gut haltbar.
Die gelegentlich auftretenden Augen-
entzündungen lassen sich, wie im
Kapitel Krankheiten beschrieben,
behandeln. Durch ihre Körpergröße
benötigen diese Tiere sehr viel Futter,
möglichst Riesenschaben, nestjunge
Mäuse, Wanderheuschrecken und
Regenwürmer, die sie von der Pinzette abnehmen. Durch ihre Gefräßig-
keit kommen gelegentlich Unfälle vor.
So verschlingen sie kleinere, mit ihnen
vergesellschaftete Frösche oder sogar
unbelebte Gegenstände. Ein großes
Weibchen verendete beispielsweise
daran, daß es einen großen Stein ver-
schluckte, der den gesamten Magen
ausfüllte.

Der Gefleckte Chinesische Ruderfrosch *(Polypedates omeimontis)* erhielt seinen Artnamen durch sein Vorkommen um den Mount Omei, wo er
erstmals gefunden wurde. Diese große

Gefleckter Chinesischer Ruderfrosch *(Polypedates omeimontis)*

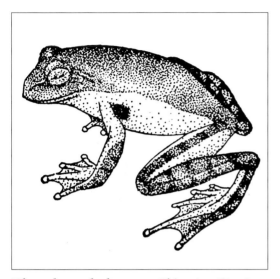

Rhacophorus rhodopus aus China (aus Yang)

Terrarientier für große Behälter, die Fütterung sollte reichlich und abwechslungsreich sein. Durch die scheue Lebensweise gelingt eine Pinzettenfütterung meist nicht. Die Haltung sollte im Winterhalbjahr bei kühleren Temperaturen (um 15 °C) erfolgen, sonst bei 22 bis 26 °C.

In der Nähe des Mount Omei lebt noch eine Reihe weiterer chinesischer Ruderfrösche, die gelegentlich, wenn auch meist nur als Einzeltiere, in die Terrarien gelangen: *Rhacophorus dugritei*, *R. chenfui* und *Polypedates bambusicola*. Die letztere Art baut von Mai bis Juni ihre Schaumnester in Bodenmulden.

Froschspecies ist wunderschön dunkelbraun gefleckt und trägt eine grünlich-bräunliche Körperzeichnung. In seinem Biotop in 3000 bis 6000 m Gebirgshöhe lebt der Gefleckte Chinesische Ruderfrosch in Grasfluren, auf niedrigen Bäumen, tagsüber ruht er unter Steinen und zwischen Grasbüscheln. Dem entspricht auch sein scheues verstecktes Verhalten im Terrarium. Zur Paarungszeit von April bis Mai baut diese Art Schaumnester an Moosfarn, Begonien, Weißwurz und anderen niedrigen Pflanzen des Gewässerrandes. Die 4,3 mm großen Eier besitzen dicke Gallerthüllen. Wenn die Larven das Schaumnest verlassen, besitzen sie noch Außenkiemen, entwickeln sich aber danach sehr rasch im Laichgewässer. Auch *P. omeimontis* ist ein anspruchsvolles

Im Gegensatz zu den meisten anderen Arten sind diese Nester mit 65 bis 70 mm Durchmesser relativ klein. Von den chinesischen Hengduan-Bergen wurde der in 2000 m Gebirgshöhe vorkommende *Rhacophorus gongshanensis* (ein mit *R. feae* eng verwandter Flugfrosch) beschrieben. Die Art *R. dugritei* vermehrt sich von April bis Juni. Die Weibchen legen in einer Saison 327 bis 397 Eier (2,25 bis 2,5 mm Durchmesser) in Schaumnester ab. In der Natur beträgt das Geschlechterverhältnis Weibchen zu Männchen 1:4, woraus sich Konkurrenzen ergeben, die zu kollektivem Schaumnestbau führen. Die Entwicklung der Larven erfolgt sehr rasch, nur zwei bis maximal drei Monate werden bis zur Metamorphose benötigt.

Der hübsche, dem Weißbart-Ruderfrosch äußerlich sehr ähnliche Kreuzfleck-Ruderfrosch *(Rhacophorus cruciger)* von Sri Lanka wurde mehrfach im Terrarium vermehrt. Seine Zucht ist nahezu identisch mit der von *Polypedates leucomystax.* Die Tiere erreichen allerdings etwas später die Geschlechtsreife, wachsen allgemein langsamer und werden im weiblichen Geschlecht kaum größer als im männlichen.

Sowohl das südostasiatische Festland als auch einige der vorgelagerten Inseln werden in Gebirgshöhen von 200 bis 1200 m von *Polypedates macrotis* bevölkert. Auch diese Art ähnelt dem Weißbart-Ruderfrosch, besitzt aber ein größeres Trommelfell und einen breiten Kopf. Während die Weibchen 67,5 bis 84,6 mm groß werden, bleiben die gelbe Brunftschwielen besitzenden Männchen mit 44,9 bis 57,4 mm kleiner. Auch bei dieser Art läßt sich beim männlichen Geschlecht eine Linea masculina beobachten.

P. macrotis bevorzugt den primären Regenwald mit konstanten Temperatur- und Feuchteverhältnissen, kann aber auch die Kulturlandschaft besiedeln und sich in menschlichen Behausungen aufhalten. Diese Tatsache sollte jedoch keinen mitteleuropäischen Terrarianer dazu verleiten, diese Ruderfrösche freilebend im Wohnzimmer halten zu wollen. Die hohe Luftfeuchtigkeit in den südostasiatischen, oft tür- und fensterlosen Holzbauten ermöglicht den Fröschen ein normales Leben, in unseren Häusern würden sie schnell vertrocknen. Die Männchen sitzen nachts gern in der Nähe kleiner stehender Gewässer und lassen ihre rätschenden Paarungsrufe erklingen.

An sehr unterschiedlichen Pflanzen in verschiedener Höhe sind die Schaumnester mit 300 bis 400 Eiern zu finden, oft in Nachbarschaft mit denen des Hornlappen-Flugfrosches *(P. otilopus),* des Schwarzpunkt-Flugfrosches *(R. pardalis)* und von *R. appendiculatus.* Besonders paarungsaktiv sind diese Tiere von Mai bis August.

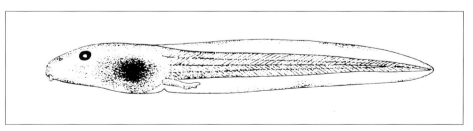

Larve des Schwarzpunkt-Ruderfrosches *(Rhacophorus pardalis)* (nach Alcala)

Im Norden und Westen Kalimantans leben kleine, sandfarbene Ruderfrösche: *Rhacophorus hosei*. Sie bewohnen ebenfalls den primären und sekundären Regenwald. Die Entwicklung von Gelegen dieser Art erfolgte bereits in Menschenobhut. Die Aufzuchtstemperaturen der in Plastikschalen zur Entwicklung gebrachten Eier betrug tagsüber um 30 °C, nachts 20 °C. Nach vier Tagen war bei den ohne Schaum inkubierten Eiern die Neurulaphase erkennbar. Mit etwa 6 cm beginnt die Metamorphose. Durch das Fehlen eines vollständig ausgebildeten Mundfeldes bei den *R. hosei*-Kaulquappen, die leider nicht vollständig aufgezogen werden konnten, nimmt man eine noch unbekannte, neue Brutpflegestrategie für diese Art an. Die Larven ernähren sich offensichtlich ausschließlich von ihrem Dottervorrat.

Der Ruderfrosch *R. appendiculatus* wird maximal 5 cm groß (Weibchen), er ist gräulichbraun gefärbt und oft dunkel gefleckt. Die etwa 1 cm kleineren Männchen besitzen gelbliche Brunftschwielen. *R. appendiculatus* kommt im Flachland-Regenwald bis in eine Höhe von 500 m vor. Fortpflanzungspeaks wurden in den Monaten Juni bis August und Oktober bis November auf Kalimantan festgestellt.

Die Art und Weise der Vermehrung entspricht der des Weißbart-Ruderfrosches. Als Eianzahl im Schaumnest werden 300 bis 400 angegeben.

Von den Flugfröschen ist der Borneo-Flugfrosch *(Rhacophorus nigropalmatus)* am bekanntesten. Die auf dem Rücken grün gefärbten Tiere werden von weißen Punkten geziert. Die Extremitäten leuchten orangegelb, die Spannhäute bilden durch ihre schwarze Färbung einen starken Kontrast. Die nahe verwandten Java-Flugfrösche *(Rhacophorus reinwardtii)* sind ähnlich auffällig gefärbt, ihnen fehlen allerdings meist die weißen Rückenflecken, dafür sind die Körperflanken mit schwarzen, blauen und gelben Zeichnungselementen netzartig gemustert, die Spannhäute leuchten dunkelblau. Obwohl die Männchen keine Schallblasen besitzen, kann man sie an den kleinen gelben Brunftschwielen erkennen. Außerdem bleiben sie, wie die meisten Ruderfroschmännchen, wesentlich kleiner als die Weibchen.

Die beiden Arten bevorzugen Urwaldriesen des Flachlandes als optimalen Lebensraum. Kaum werden sie einmal in der Kulturlandschaft beobachtet. Die Fortpflanzungsweise entspricht der des Weißbart-Ruderfrosches.

Leider halten sich die häufig stark von parasitären Würmern im Intestinaltrakt befallenen „grünen Flugfrösche" nur sehr kurze Zeit im Terrarium. Noch nie ist eine Zucht in

Menschenhand gelungen. Trotzdem erregt die aparte Färbung dieser Arten immer wieder bei vielen Terrarianern Interesse. Hinzu kommt die ungewöhnliche Fortbewegungsweise des Schwebefluges. Sicher liegen die bisherigen Mißerfolge in ungenügender veterinärmedizinischer Überwachung während der Quarantänezeit (Wurmkur) und zu kleinen und damit schnell verschmutzenden Terrarien begründet. Beide Faktoren sind aber behebbar, so daß begründete Aussichten darauf bestehen, auch die als äußerst empfindlich bekannten „grünen Flugfrösche" halten und züchten zu können.

Wenn auch nicht unproblematisch haltbar, so ist doch aber der Schwarzpunkt-Flugfrosch bereits mehrere Jahre lang im Terrarium gepflegt und sogar einmal nach hormoneller Stimulation gezüchtet worden. Allerdings bereitet die Ernährung der Kaulquappen dieser Art noch erhebliche Probleme, da sie kaum sichtbar von den vielen angebotenen Larvenfuttersorten nur kleinere Mengen aufnahmen. Durch das gut entwickelte Mundfeld der Kaulquappen ist eine besondere Ernährungsweise (non-feeding-Larven) auszuschließen. Und doch konnten die sich offensichtlich von allem ein wenig ernährenden Larven nach etwa einem Jahr zur Metamorphose gebracht werden. Die weißen, schwarz gefleckten Jungfrösche wachsen eben-

falls nur sehr langsam heran und erreichen erst nach zwei Jahren die Geschlechtsreife. Möglicherweise liegt diese verzögerte Entwicklung aber auch an durch Unkenntnis bedingter nicht artgerechter Larvenernährung.

Schwarzpunkt-Flugfrösche bewohnen im kontinentalen Südostasien sowie auf der Inselwelt den tropischen Regenwald. Die Vermehrung findet bei dieser Art eigenartigerweise sowohl während der feuchten als auch in den trockenen Klimaperioden statt. Während beispielsweise vom Borneo-Flugfrosch bis zu 380 Eier pro Schaumnest gezählt wurden, fand man bei *R. pardalis* bisher nur um die 50 Eier (eine Ausnahme bildet die Laichanalyse in Vietnam beobachteter Schaumnester dieser Art mit in einem Fall 233 Eiern). Der Eidurchmesser ist mit 3 mm recht groß. Die Maximallänge der Larven vor dem Einsetzen der Metamorphose beträgt 48,5 mm.

Da in der Natur die gesamte Entwicklung von der Eiablage bis zum Abschluß der Metamorphose nur etwa 60 Tage umfaßt, handelt es sich bei den in der einzigen Terrarienzucht erzielten Ergebnissen offensichtlich um Werte, die durch falsche Ernährungsweise der Larven entstanden sind.

In Japan dienten zwei Arten, nämlich der Baum-Ruderfrosch *(Rhacophorus arboreus)* und Schlegels Ruderfrosch *(R. schlegeli)* bereits in den 20er

Schlegels Ruderfrosch *(Rhacophorus schlegeli)*

Jahren dieses Jahrhunderts als Labortiere für entwicklungsphysiologische Experimente. Von *R. arboreus* existiert auch eine ausführliche ontogenetische Entwicklungstabelle. Durch künstliche Kreuzungsexperimente mit isolierten Eizellen und Spermien versuchte man die verwandtschaftlichen Verhältnisse dieser Arten aufzuklären. Von Schlegels Ruderfrosch ist eine eigentümliche Fortpflanzungsweise bekannt geworden: Wie seine Verwandten, baut auch dieser Frosch Schaumnester, gräbt aber zuvor Bodenhöhlen (13 bis 15 cm tief, Durchmesser 10 bis 13 cm) in Ufernähe, darin erfolgen Paarung und Eiablage.

In einer Höhle halten sich beim Schaumnest ein Weibchen und zwei bis drei Männchen auf. Das Schaumnest ist 60 bis 95 mm im Durchmesser groß und enthält 250 bis 700 weißliche Eier. Durch die zweite Öffnung der Bodenhöhle in Richtung Gewässer verlassen die Larven das aufgelöste Schaumnest nach etwa 7 Tagen. Sehr ähnlich verläuft die Fortpflanzung des früher als Unterart von Schlegels Ruderfrosch angesehenen *R. arboreus.*

Beide Arten können sehr unterschiedliche Farben von Grau über Beige, Weiß, Schwarzbraun und Hellbraun bis zu Blattgrün annehmen. Sie passen sich in idealer Weise an ihre Umgebung an, wobei auch die Luftfeuchtigkeit eine Rolle für die Farbenausbildung spielt. Diese japanischen Ruderfroscharten werden oft im Terrarium gehalten und lassen sich auch züchten, wenn man ihnen einen Schlickboden im Terrarium bietet, in dem sie eine Bruthöhle bauen können. Oft erklingt dann ihre an das kurze Krächzen eines Raben erinnernde Stimme. Manchmal legen die Tiere ihre Schaumnester in Plastikdosen, die sich als „Nisthilfen" im Terrarium befinden. Die selten importierten Grünen Ruderfrösche *(Rhacophorus viridis)* gehören in die-

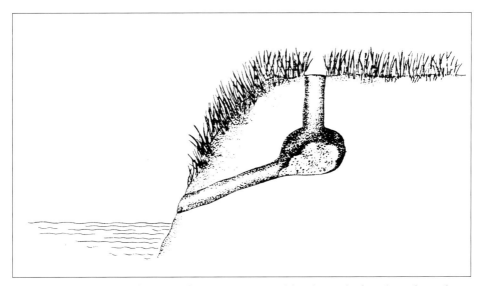

Schema einer Bruthöhle mit Schaumnest von Schlegels Ruderfrosch *(Rhacophorus schlegeli)*

97

selbe Gruppe. Auch sie vermehren sich in gleicher Weise wie Schlegels Ruderfrosch. Ihre Weibchen sind deutlich rundlicher als die kleineren Männchen. Wie viele japanische Arten, sind auch Grüne Ruderfrösche im Terrarium sehr ausdauernd und genügsam. Im Unterschied zu *R. schlegeli* und *R. arboreus* positionieren sie ihre Schaumnester auch manchmal unter Grasbüschel und graben nicht immer eine Bruthöhle. Ihre Nester haben eine elliptische Form; sie sind 16 cm lang und 8 cm breit. Sicher wird auch diese attraktive grüne Ruderfroschart schon bald in Menschenobhut vermehrt werden.

Schließlich sollen noch einmal die bereits in einem vorangegangenen Kapitel ausführlich beschriebenen Kleinohrfrösche *(R. microtympanum)* von Sri Lanka erwähnt werden, da sie mit Sicherheit eine verhaltensbiologische Besonderheit darstellen. Leider gibt es bisher nur direkt aus ihrer ceylonesischen Heimat wenige terraristische Erfahrungen über diese Art.

Die von den japanischen Inseln südwärts verbreiteten Arten der Gattung *Buergeria* ähneln *Rhacophorus* und *Polypedates* zunächst in vielen ihrer Merkmale. Sie unterscheiden sich von ihnen aber sehr, wie Kreuzungsexperimente belegen konnten, da sie sehr viele eigene morphologische und verhaltensbiologische Besonderheiten in der Evolution hervorgebracht

haben. Die Männchen der Art *Buergeria buergeri* sitzen während der Fortpflanzungsperiode im Frühjahr entlang ihrer Laichgewässer — schnellfließende Bäche und Flüßchen — auf exponierten Steinen und Wurzeln und lassen ihre Paarungsrufe ertönen. Die Gelege werden dann ohne Schaum unter Steinen und Holzstücken in Ufernähe positioniert. Die Weibchen sind mit 54,7 mm größer als die im Mittel 37,7 mm großen Männchen. Ähnliche Verhältnisse herrschen bei der nahe verwandten Art *B. japonica*, bei der die Männchen 26,6 bis 27,2 mm und die Weibchen 31,7 bis 33 mm Größe erreichen. Durch ihre relativ einfache Züchtbarkeit nutzen manche japanische Genetiker und Entwicklungspsychologen noch heute die *Buergeria*-Arten als ideale Objekte für Experimente und Zuchtreihen. Beispielsweise wurde die Herausbildung des Geschlechts bei Rhacophoriden eingehend an *B. buergeri* untersucht. Es konnte festgestellt werden, daß diese Frösche ein Sexchromosom besitzen, dessen Ausbildung darüber entscheidet, ob sich eine Larve zu einem Weibchen oder zu einem Männchen entwickelt. Die Haltung von *Buergeria*-Arten erfolgt wie die der anderen Rhacophoriden, nur benötigen sie eine kühle Überwinterung und generell niedrige Temperaturen im gesamten Jahresablauf (18 bis 20 °C).

Philautus jinxiuensis, eine aus der Gegend der chinesischen Stadt Xichang beschriebene Art (nach Jiang, Hu & Zhao)

Auch von Eiffingers Frosch *(Chirixalus eiffingeri)* konnte im Kapitel über die Fortpflanzungsbiologie der Ruderfrösche bereits berichtet werden. Diese Art hat ein sehr ausgeprägtes Territorialverhalten entwickelt. Während sich die Weibchen wie in oben geschilderter Weise um die Gelege kümmern, verteidigen die Männchen ihre Territorien gegenüber Art- und Geschlechtsgenossen. Während der Fortpflanzungszeit von Februar bis September lassen sich Eiffingers Frösche auch im Terrarium zur Fortpflanzung stimulieren, indem ein Langzeitregen simuliert wird. In Laichhäuschen (Plastikschalen), die Baumhöhlen oder Bambusstümpfe nachempfinden lassen, legen die Paare nach längerem Lockrufen der Männchen 27 bis 179 Eier ab, die meist an senkrechte Plastik- oder Glasteile geheftet werden. Auch die Stimulierung mit Hypophysenhormonen brachte Erfolge. Im Terrarium betreiben die Weibchen streng nach der verhaltensbiologischen Steuerung ihre Brutpflege. Als Ersatznahrung für die Fütterung mit arteigenen unbefruchteten Nähreiern versuchte man, den Larven Daphnien, Mückenlarven oder Hefe anzubieten. Keine dieser künstlichen Nahrungsarten führte zum Erfolg. Es handelt sich also bei den Kaulquappen der Eiffinger Frösche eindeutig um obligatorische Eierfresser. Diesen Vorgang bezeichnet man in der Zoologie als Oophagie. Andere Versuche sollten nachweisen, daß die Kaulquappen von *C. eiffingeri* nicht spezifisch die Kloakenregion nur ihres „Muttertieres" zur Eiabgabe stimulieren. Sie taten das auch mit willkürlich in das Aufzuchtbecken gesetzten Schwarzpunktfröschen *(Rana nigromaculata)*, Japanischen Fröschen *(Rana japonica)* und Japanlaubfröschen *(Hyla japonica)*. Die Reaktion

dieser Froschlurche war allerdings eine andere als die des arteigenen Weibchens: Sie gaben keine Nähreier ab, sondern flüchteten eilig vor den aufdringlichen Kaulquappen. Künstlich vom Weibchen anderer Froscharten abgenommene, unbefruchtete Eier wurden durch die Larven als Nahrung angenommen. Die Entwicklung von Eiffingers Frosch bis zur Metamorphose dauert etwa 60 Tage. Die Fröschchen sind dann ca. 10 mm groß.

Eine Vielzahl von Arten der Gattung *Philautus* hat durch ihre direkte Entwicklung im Ei die Aufmerksamkeit der Zoologen erweckt. Die auf den Philippinen vorkommenden Arten *Philautus schmackeri* und *P. lissobranchius* legen ihre 6 bis 30 unpigmentierten Eier in Blattachseln und -trichter von Baumfarnen und Pandanus ab. *P. leitensis* und *P. surdus*

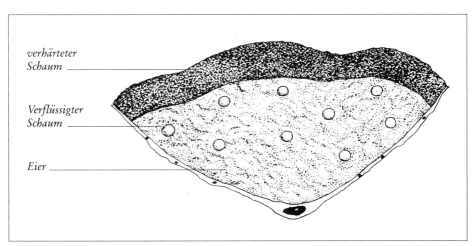

verhärteter Schaum

Verflüssigter Schaum

Eier

Schema eines Schnittes durch das Nest des Grauen Baumfrosches *(Chiromantis xerampelina)* (nach Coe)

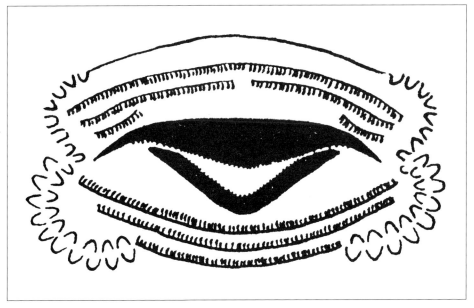

Larvenmundfeld einer Larve von *Chiromantis xerampelina* (aus Wager)

produzieren nur 10 Eier pro Gelege. Die in Malaysia vorkommenden *P. vermiculatus* und *P. aurifasciatus* adaptieren wahrscheinlich die Färbung ihrer Eier an das Substrat, also an die Blätter von Pflanzen. Alle *Philautus*-Arten leben in den Wipfeln von Regenwaldriesen, so daß sich eine spezielle Fortpflanzungsbiologie zur Erhaltung ihrer Art in dieser ökologischen Nische erforderlich machte. Im Terrarium, das dementsprechend sehr hoch gebaut sein sollte, schafft man durch das Einsetzen geeigneter Pflanzen Laichmöglichkeiten. Die Paarung erfolgt meist nachts nach intensiven Rufen der Männchen. Als einzige kulturfolgende Art konnte *P. romeri* von Südchina als Bewohner von Busch-

gruppen an Feldern und städtischen Parks beobachtet werden.

Eine sehr hübsche, bräunlich gezeichnete, erst unlängst aus China beschriebene Art ist *P. jinxiuensis* von Xizang. Wenn auch nur wenige Haltungs- und Zuchterfahrungen über *Philautus* vorliegen, so werden wohl diese Frösche in naher Zukunft aufgrund ihrer relativ unproblematischen Pflege, des interessanten Verhaltens und der zumeist sehr ansprechenden Zeichnung auch bei europäischen Terrarianern mehr Interesse finden.

Von den afrikanischen Grauen Baumfröschen *(Chiromantis)* wurde bereits ein den Gattungen *Rhacophorus* und *Polypedates* ähnliches Fortpflanzungsverhalten vorgestellt. Diese

Boophis viridis, ein madagassischer Ruderfrosch

in trockenen Biotopen vorkommenden Froschlurche laichen nur während der Regenzeit. Sie lassen sich deshalb nach längerer trockener Haltung im Terrarium durch künstliche Beregnung sehr gut stimulieren. Die drei Arten *Chiromantis xerampelina, C. petersii* und *C. rufescens* leben im Flachland und kommen nicht über 500 m Gebirgshöhe vor. Sie gelten als Kulturfolger, da gerade in der Nähe menschlicher Behausungen und land-

wirtschaftlicher Anlagen kleine permanente Gewässer existieren, die zumeist ideale Paarungsorte für die Grauen Baumfrösche darstellen. Mehr als dreißig Männchen beteiligen sich unter Umständen am Bau eines riesigen Schaumnestes, dessen Schaumsubstanz von nur einem Weibchen produziert wird. Dabei erschallen die tschilpenden Paarungsrufe der in der Nähe sitzenden Männchen. Der gesamte Nestbau einschließlich Eiab-

Boophis rappiodes, ein weiterer madagassischer Ruderfrosch

lage, Befruchtung und Anbringen von Blättern dauert 1,5 bis 2,5 Stunden. Meistens befinden sich die Nester in mehr als 20 m Höhe über dem Wasser.

Die breiter als bei *Rhacophorus* oder *Polypedates* angelegten Nester verlaufen nach unten hin in einen stumpfen Winkel, in dem sich auch die Eier bzw. Larven ansammeln. Auch an den *Chiromantis*-Nestern trocknet in kurzer Zeit die äußere Schicht des Schaumes ein, so daß ein fester Mantel

entsteht. Zwischen 113 und 201 Eier wurden in den Nestern von *C. rufescens* gezählt, *C. xerampelina* legt 150 Eier von 2 mm Durchmesser. Nach 5 bis 8 Tagen erfolgt der Schlupf der Larven aus dem Nest. Zu diesem Zeitpunkt messen sie 9 mm, sie erreichen bis zur Metamorphose eine Länge von 50 mm.

C. petersii wurde bereits mehrfach in Terrarien gezüchtet. Seine Eizahl liegt höher als die der beiden anderen Arten: 300 bis 350. Die Stimulation dieser Species gelingt am besten zum Zeitpunkt des Einsetzens der ostafrikanischen Regenzeit im November. *C. xerampelina* und *C. rufescens* laichen meistens im Juni.

Die Aufzucht der Larven und Jungtiere ist identisch mit den für *Rhacophorus* und *Polypedates* betriebenen Methoden. Graue Baumfrösche erreichten in Menschenobhut das Alter von 8 Jahren.

Boophis friedrichsi

Von den madagassischen Ruderfröschen der Gattung *Boophis* gelangen nur selten einmal einzelne Tiere in die Terrarien. Eine Zucht der in Gewässern laichenden Frösche konnte bisher noch nicht vermeldet werden. Ein größerer Import der hübschen, hellgelbgrün gefärbten Art *Boophis friedrichsi* ermöglicht erste Zuchtversuche. Möglicherweise lassen sich diese im Primärregenwald sowie in Feuchtsavannen lebenden Amphibien ebenfalls durch künstlichen Regen zur Fortpflanzung stimulieren.

Riedfrösche (Hyperoliidae)

Die am häufigsten in Terrarien gehaltenen Riedfrösche sind die apart gezeichneten und knallbunt gefärbten Arten und Varietäten des *Hyperolius-viridiflavus*-Komplexes. Sehr unterschiedliche Auffassungen von Taxonomen bestehen zur Systematik dieses Artenkomplexes. Manche meinen, daß es sich um eine Art *(H. viridiflavus)* mit vielen Subspecies handele, andere trennen mehrere Arten voneinander ab *(H. marmoratus, H. tuberculatus, H. viridiflavus)* und führen für sie wiederum jeweils Unterarten. Da die letzte Auffassung zur Zeit allgemein angewandt wird, hält sich dieses Buch ebenfalls an diese taxonomische Interpretation. Das Areal der Superspecies mit den vielen Formen befindet sich im gesamten Süden und Westen Afrikas, aber auch in Teilen Ost- und Zentralafrikas.

Unzählige geographische Zeichnungs- und Färbungsvarietäten sind bekannt; auch diese Vielfalt machte die Prachtriedfrösche zu so beliebten Terrarientieren. Außer der vom Vorkommen abhängigen Variabilität wurde eine innerhalb der einzelnen Populationen vorkommende Variationsbreite festgestellt. Darum müssen nicht alle stark divergierenden Nachkommen von Terrarien-Riedfröschen einer Art aus unterschiedlichen Arealteilen stammen.

Ein reines Weiterzüchten geographischer Rassen ist zweifelsohne möglich, doch bleibt hierbei die enorme Streuung von Färbung und Zeichnung in allen Generationen auch weiterhin mit Sicherheit erhalten.

Prachtriedfrösche bevölkern in der Natur meist relativ trockene Lebensräume, in denen tagsüber bis zu 42 °C bei sehr geringer Luftfeuchtigkeit herrschen.

Dementsprechend sollte die Haltung im Terrarium erfolgen. Zu feucht und zu kühl gehaltene Tiere kümmern vor sich hin, verlieren ihre Farbbrillanz und sind oft nicht mehr in der Lage, sich zu vermehren. Wie die meisten Riedfrösche, pflanzt sich auch *H. viridiflavus* beim Einsetzen der Regenzeit explosionsartig fort. Das geschieht durch den Einfluß der künstlichen Beregnung im Terrarium. Unter sehr lautem, pfeifendem Rufen setzt die Paarung ein, bei der 300 bis 400 Eier an Steinen oder Wasserpflanzen abgelegt werden. Die Entwicklung verläuft bei Temperaturen um 25 °C sehr rasch, die Larven ernähren sich von Zierfischtrockenfutter und Spinat.

Nach der Metamorphose gestaltet sich die Fütterung der noch recht kleinen (ca. 1 cm großen) Frösche etwas schwierig, da die an sich größenmäßig ideal geeigneten Essigfliegen nachts, wenn die Frösche aktiv nach Nahrung suchen, ruhig sitzen und nur selten

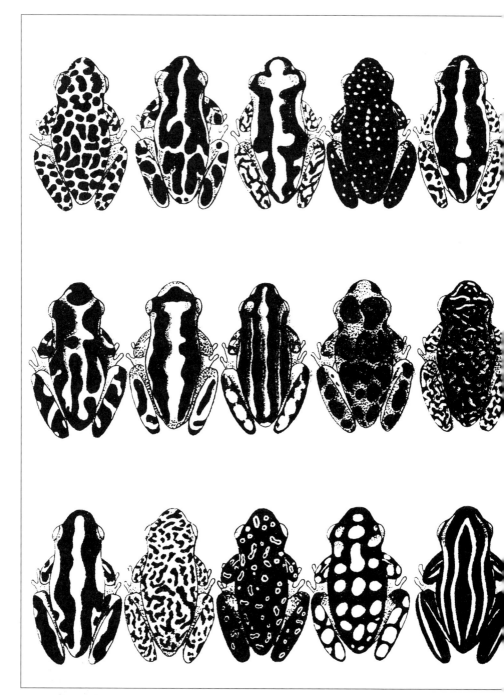

Einige der vielzähligen Zeichnungsvarianten innerhalb der *Hyperolius viridiflavus*-Grup

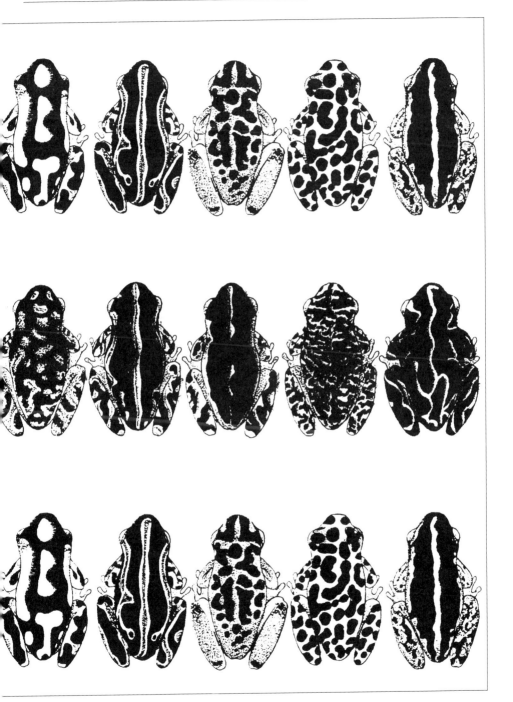

nach Schioz)

Geschlechtsdimorphismus beim Riedfrosch *Hyperolius cinctiventris;* oben Weibchen, rechts Männchen

entdeckt werden. Wiesenplankton erweist sich auch in diesem Fall als ideales erstes Aufzuchtfutter. Bei guter Entwicklung in trockenem Milieu erreichen Prachtriedfrösche manchmal bereits nach vier Monaten die Geschlechtsreife.

Sehr nahe verwandt mit den Prachtriedfröschen ist die in Westafrika weit verbreitete Art *H. nitidulus.* Als typi-sche Savannenbewohner kommen diese Frösche überall häufig vor. Ihre mit einem braunen und einem grünen Pol versehenen Eier werden ins Wasser abgelegt.

Dieser Art sehr ähnlich sind die Marmorriedfrösche *(H. marmoratus).* Mit 28 bis 38 mm Körperlänge ent-sprechen sie in ihrer Größe den Prachtriedfröschen. Die meisten Sub-

species bewohnen das Flachland, einige kommen aber auch im Gebirge bis 1400 m Höhe vor. Je nach dem Fundort richtet sich auch die Haltung der Marmorriedfrösche. Im allgemeinen sollten aber dieselben Bedingungen, wie für die vorige Artengruppe beschrieben, geboten werden. Eine zeitweilige kühlere Haltung verlängerte bei Broadleyis Marmorriedfrö-schen *(H. m. broadleyi)* die Lebenserwartung um ein Vielfaches; sie kommen in südafrikanischen Mittelgebirgen vor. Die Fortpflanzung dieser Subspecies im Terrarium wurde protokolliert. Mit 25 mm großen, ausgestülpten Schallblasen produzieren die Männchen ihre kurzen, pfeifend-metallisch klingenden, manchmal auch an helle Hammerschläge auf einen

Hyperolius nitidulus, ein westafrikanischer Riedfrosch

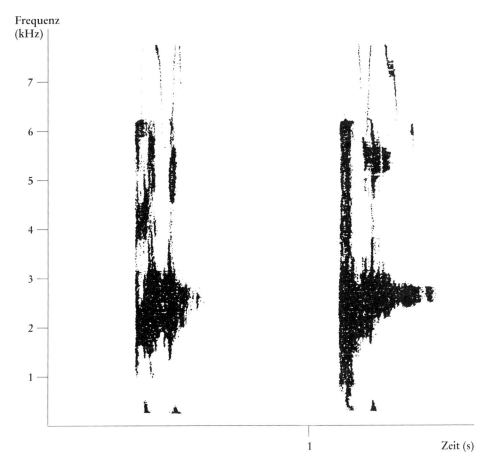

Paarungsruf von Broadleys Marmorriedfrosch *(Hyperolius marmoratus broadleyi)*, bei 20 °C aufgenommen

Amboß erinnernde Paarungsrufe. Sie konkurrieren dabei mit ihren Geschlechtsgenossen um die besten Rufwarten im Terrarium. Die Weibchen bevorzugen die am lautesten rufenden Männchen.

Nachdem die Weibchen den lokkenden Lauten folgten, dauert die Paarung nur 20 bis 30 Minuten. An der Wasserfläche sitzend, legen sie Ballen von 3 bis 40 Eiern auf Wasserpflanzen und Steinen ab. Oft hängen aber auch die walnußgroßen Laichklumpen an der Wasseroberfläche. 70 bis 130 Eier wurden bei dieser Marmorriedfrosch-Unterart gezählt, andere produzierten bis zu 400.

Bis zum Schlupf kann eine Woche vergehen. Die Larven nehmen sehr vielfältige Nahrung an: gebrühten

111

Salat, Zierfischtrockenfutter, Futtertabletten aus der Aquaristik, zerdrückte Enchyträen und Tubifex, mazeriertes Fischfleisch. Als sehr günstig erwiesen sich auch kultivierte Grünalgen und Forellenaufzuchtspellets, sogar Eierkuchenmehl fand Verwendung. Ein täglicher Wasserwechsel sollte während der Larvenentwicklung eine Selbstverständlichkeit sein. Nach 4 bis 6 Wochen begann die Ausbildung der Hinterextremitäten, zwei Wochen darauf erschienen die Vorderextremitäten. Eine Woche später war mit der vollständigen Rückbildung des Schwanzes die Metamorphose abgeschlossen. Nur 14 Tage lang machte sich eine Fütterung der Jungtiere mit Essigfliegen erforderlich, danach bewältigten die ca. 1 cm großen Riedfrösche bereits Stubenfliegen.

Durch vielseitige, karotinhaltige Ernährung der Futtertiere kann die Farbintensität der heranwachsenden Hyperoliiden unterstützt werden. Das Einpudern aller Fliegen vor dem Verfüttern mit Vitamin-Mineralstoff-Puder sollte selbstverständlich sein.

Sehr hübsche, grün gefärbte Hyperoliiden sind die Seerosen-Riedfrösche (H. pusillus) aus Ost- und Südafrika. Die 24,5 mm groß werdenden Tiere legen 20 bis 500 hellgrüne Eier von 1 mm Durchmesser und mit einer 2 mm dicken Gallerthülle an Grashalme oder Seerosenblätter über dem Wasser ab. Auch die Larven zeigen eine grüne Färbung, die sicher der Tarnung in den veralgten Laichgewässern dient. Die ideale Haltungstemperatur liegt bei 25 °C.

Die Ernährung der Seerosen-Riedfrösche, insbesondere ihrer sehr kleinen Jungtiere, gestaltet sich problematisch, da sie nur winzige Insekten (kleinste Heimchenlarven, Essigfliegen usw.) annehmen.

Ähnliche Probleme ergeben sich bei der Haltung des ebenfalls grün gefärbten Nasen-Riedfrosches (H. nasutus) von Südwestafrika. In der Natur ernähren sich diese nur 25 mm großen Frösche von Mücken. Die Art gehört zu den Wasserlaichern und legt bis zu 200 Eier in kleinen Ballen an Wasserpflanzen ab.

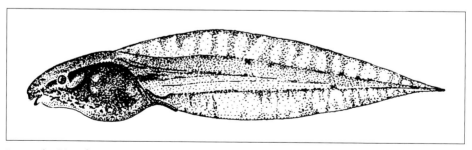

Larve des Tropfen-Riedfrosches *(Hyperolius guttulatus)* (aus Schioz)

Gemalter Riedfrosch *(Hyperolius picturatus)*

Geschlechtsdimorphismus beim Punktierten Riedfrosch *(Hyperolius puncticulatus)*; oben Weibchen, rechts Männchen

Einer der schönsten Hyperoliiden ist der ostafrikanische Argus-Riedfrosch *(H. argus)*. Sein braungrauer Rücken wird von originell geformten, blasenartig anmutenden, cremeweißen, schwarz umrandeten Flecken gezeichnet. Die Tiere leben in der Nähe von Weihern in halbtrockenen Savannen, meist auch am Rande kleiner Waldflecken. Im wüstennahen Südostafrika kommt *Hyperolius concolor tuberilinguis* in feuchten, pflanzenreichen Wäldern vor. Er positioniert seine Gelege an Pflanzenteilen knapp über der Wasseroberfläche. Die west- und zentralafrikanischen Subspecies dieser Art leben in Galeriewäldern, aber auch im Steppenbereich. 80 bis 200 Eier wurden in ihren Gelegen gezählt. Der bis zu 27 mm groß wer-

dende *H. fusciventris* erhielt seinen Namen aufgrund der hübschen, meist rotbraun, aber auch schwärzlich, schlohweiß, rot und grün gemusterten Bauchseite. Die Tiere leben als Kulturfolger in Farmlandschaften, Savannen und Galeriewäldern Westafrikas. Sie sind von ihren ökologischen Ansprüchen her sehr anpassungsfähig und darum einfach im Terrarium zu halten.

In jüngerer Zeit führten Importe der Unterart *H. f. burtoni* vom westlichen Ghana zu einer guten Terrarienpopulation, die sicher für ausreichende Erhaltungszuchten sorgen kann. Derartige Zuchtversuche mit gelbbraun-weiß gefärbten Punktierten Riedfröschen *(H. puncticulatus)* und dem grünlichen *H. cinctiventris* scheiterten daran, daß die Filialgenerationen nur

115

noch aus Männchen bestanden. Dieses Phänomen ist leider zur Zeit nicht erklärbar, man nimmt aber an, daß die Geschlechtsausbildung während eines speziellen Zeitpunktes von der Temperatur bestimmt wird, so daß nur durch differenzierte Aufzucht von der Eiablage an eine Abhilfe geschaffen werden könnte.

In Ghana und Sierra Leone leben die Gemalten Riedfrösche *(H. picturatus)*. Diese typischen Waldbewohner bevorzugen ein ihrer Lebensweise entsprechendes feuchtes Terrarienklima. Unter diesen Bedingungen kommen sie auch zur Fortpflanzung, die von lauten Klickrufen der Männchen eingeleitet wird. Als Laichsubstrat dienen an den Wasserspiegel heranreichende Kiesel, die gegenüber Pflanzen bevorzugt werden, auf denen man die flachen Scheiben ähnelnden Gelege aus weißen Eiern findet.

Eine ebenfalls wunderschöne, waldbewohnende Art kommt in einem kleinen Areal Kenias (Mombasa) vor: Der Rotgezeichnete Riedfrosch *(H. rubrovermicularis)*. Er erhielt seinen Namen von den wurmartig anmutenden feuerroten Zeichnungselemente auf schwarzem Grund.

Der selten einmal importierte Tropfen-Riedfrosch *(H. guttulatus)* hat ein weites Verbreitungsgebiet in Westafrika, ist aber auch in seiner Heimat nicht mehr häufig, da der von

ihm bevorzugte Flachland-Feuchtwald immer mehr abgerodet wird. Er laicht in größeren, offenen Gewässern. Seine ca. 250 Eier besitzen einen schwarzen und einen hellgrünen Pol. Die Kaulquappen lassen sich durch die Querstreifen am Flossensaum des Schwanzes erkennen. Fertig metamorphosierte Jungtiere sind 9,5 mm groß.

Der Hieroglyphen-Riedfrosch *(H. hieroglyphicus)* entspricht nur im weiblichen Geschlecht seinem Namen. Die Weibchen besitzen meist gelbliche „Hieroglyphen" als Zeichnungselemente auf schwarzem Grund. In Kamerun leben diese Frösche im Gebirge bis zu 1525 m Höhe. Rufwarten der Männchen befinden sich an der bodenständigen Vegetation. Meist lassen sie das gesamte Jahr über ihre klirrenden Paarungsrufe ertönen, denn in ihrem Lebensraum, dem Galeriewald, gibt es keine Trockenperioden, so daß permanente Fortpflanzungsbereitschaft besteht.

Wald-Riedfrösche *(H. sylvaticus)*, die in Ghana vorkommen, zeigen gelbliche und bräunliche ornamentale Zeichnungselemente. Sie kommen als einzige Hyperoliiden sowohl im Berg- als auch im Flachlandwald vor. Ihre Lebensweise ist besonders an höhere Bäume angepaßt. Aus den grünen Eiern schlüpfen Larven, die durch ihre sehr langen Schwänze auffallen (bis zu 240 % der Körperlänge).

Merkmalsvariabilität innerhalb einer Art: Weißgestreifter Riedfrosch *(Hyperolius parallelus albofasciatus); umseitig Weißgenetzter Riedfrosch (Hyperolius parallelus alborufus)*

Sambia, Zaïre und Simbabwe bilden das Areal des wegen seiner in vielen Färbungsvarietäten auftretenden, parallel zueinander längs des Körpers verlaufenden Streifen „Parallel-Riedfrosch" genannten *H. parallelus.* Seine Biotope befinden sich in der Nähe von Tümpeln, die Art laicht beispielsweise während der Regenzeit in Überschwemmungstümpeln des Zambesi. Die Unterart *H. p. melanoleucus* wurde mehrfach im Terrarium gehalten. Eine echte Brutpflege betreiben die Weibchen des Geburtshelfer-

Weißgenetzter Riedfrosch *(Hyperolius parallelus alborufus)*

Riedfrosches *(H. obstetricans)*. Sie bewachen die auf Blättern abgelegten Eier und öffnen die Eihüllen mit ihren Extremitäten, wenn die Larven schlupfbereit sind. Diese tropfen dann in das unter dem Gelege befindliche Gewässer.

Bananenfrösche *(Afrixalus)* ähneln in ihrer Lebensweise in vielen Nuan-cen der Gattung *Hyperolius*, doch bevorzugen sie feuchtere, meist bewaldete Lebensräume des tropischen Afrikas. Relativ häufig gehalten und gezüchtet wird der Rückenstreifen-Bananenfrosch *(Afrixalus dorsalis)* von den Feuchtsavannen Westafrikas. Die ansonsten bei den Bananenfröschen deutlich zu sehende Granulie-

118

rung der Rückenhaut fällt bei dieser Art weniger auf. Auf cremefarbigem Grund befinden sich dunkelbraune Streifen oder Flecken. Mit Territorial- und Paarungsrufen machen sich die Männchen zur Fortpflanzungszeit bemerkbar. Sie versammeln sich dann um einen Tümpel. Während des kurzen Amplexus wird ein aus 20 bis 30 unpigmentierten Eiern bestehendes Gelege auf Pflanzen abgelegt. Manchmal halten die Bananenfrösche während der Paarung die als Laichsubstrat dienenden Blätter zusammen und schützen so ihre Eier vor Austrocknung und Feindzugriff.

Als Klebesubstanz dient ihnen dabei ein Schleim, mit dem sie auch ihre Eier auf die Pflanzenteile heften. Oft genügt ein Blatt nicht für das vollständige Gelege, so daß jeweils

weitere zum Fortsetzen des Laichens aufgesucht werden. Nach 10 Tagen schlüpfen die farblosen, fast durchsichtigen Larven und entwickeln sich in Tümpeln weiter.

Bei der Terrarienzucht sollte man sie in ein flaches Aufzuchtterrarium überführen und nach zwei Tagen, wenn der Dottervorrat verbraucht ist, mit Zierfisch-Futtertabletten und Pflanzensud (am besten Algensuspension) füttern. Nach etwa 10 Tagen benötigen sie tierische Nahrung, am besten zerriebene Tubifex, Regenwürmer oder Wasserflöhe.

Die Metamorphose ist nach ca. 70 Tagen beendet. Während die Jungtiere zunächst Essigfliegen, später Stubenfliegen fressen, nehmen die streng nachtaktiven, tagsüber in Bodenverstecken verborgenen, erwachsenen

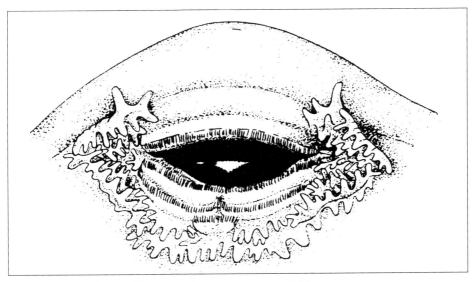

Larvenmundfeld von *Phlyctimantis verrucosus* (aus Schioz)

Bananenfrösche sehr gern Wachs- und Dörrobstmotten an.

Eine ähnliche Lebensweise führen auch mit *A. dorsalis* nahe verwandte Bananenfroscharten, wie beispielsweise der 22,5 mm lang werdende Goldrücken-Bananenfrosch *(A. brachycnemis)* aus Südafrika. Seine Gelege messen im Durchschnitt 5 bis 12 cm, die einzelnen Eier sind 1,2 mm, ihre Gallerthüllen 1,7 mm groß. Sie werden mit Vorliebe an über das Wasser hängenden Grashalmen und -blättern positioniert.

Die ebenfalls in Südafrika vorkommende Art *A. delicatus* entwickelte ein eigenartiges Paarungsverhalten: Die Weibchen gehen in einer Nacht mit bis zu drei Männchen Paarungen ein, jedesmal legen sie einen Teil ihrer Eier auf Blätter ab. Dieses Verhalten gleicht einerseits den bei fast allen Froschlurchen vorhandenen Männchen-Überfluß aus, andererseits führt die Verpaarung mit mehreren Partnern zu höheren Chancen für den genetischen Austausch und damit die Merkmalsvariabilität.

Eine Reihe weiterer Arten gelangte gelegentlich in die Terrarien, so beispielsweise Weidholz's Bananenfrosch *(A. weidholzi)* vom Kongo-Becken, *A. fulvovittatus* aus Westafrika, *A. osorioi* von Kongo und Uganda und *A. laevis* aus Ghana. Alle diese Arten leben in feuchten, bewaldeten Savannen bei Temperaturen zwischen 24 und 32 °C und sollten im Terrarium entsprechend gehalten werden. Die in Ostafrika verbreitete Art *A. fornasini* bewohnt etwas trockenere Biotope. Die Tiere führen auch im Terrarium ein sehr verstecktes Leben. Sie bevorzugen tagsüber Schlafplätze in Blattachseln und hinter der Borke von Epiphytenästen. Nachts zeigen sich die hübschen, schlanken, stark granulierten Frösche; sie leuchten dann cremegelb und besitzen immer an den Körperflanken, jedoch auch auf der Rückenmitte, dunkelbraune Längsbänder. Ihre Stimme ist am besten mit dem Geräusch beim Anlassen eines Autos vergleichbar. Die 80 Eier haben einen Durchmesser von 1,6 mm. Die vor der Metamorphose 65 mm langen Larven besitzen Stomlinienform. Nach der Umwandlung sind die Jungfröschchen 18 bis 20 mm groß und fressen bereits größere Insekten als Essigfliegen.

Die Gattung *Phlyctimantis* ähnelt sehr den Rennfröschen *(Kassina)*. *Phlyctimantis verrucosus* von Ostzaïre und Uganda besitzt eine warzige Haut, Leonards Frosch *(P. leonardi)* von Westafrika dagegen eine glatte. Die Färbung beider Arten ist nahezu gleich: braungrau bis oliv, gelegentlich mit einigen dunkleren Flecken. Die Frösche bewohnen Biotope in der Nähe stehender Gewässer, wo sie sich in der Ufervegetation aufhalten. Das Klima ihres Lebensraumes entspricht dem des tropischen Regenwaldes.

Gebänderter Bananenfrosch *(Afrixalus dorsalis)*

Senegal-Rennfrosch *(Kassina senegalensis);* oben gestreifte Varietät, rechts gefleckte
Varietät

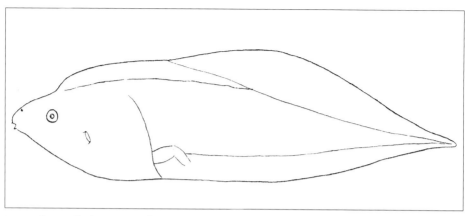

Larve des Gefleckten Rennfrosches *(Kassina maculata)* (aus Wager)

Phlyctimantis-Arten laichen ähnlich vielen *Hyperolius*-Arten in stehende Gewässer — auch Gräben und andere wasserführende Vertiefungen des Bodens. Ihre Larven besitzen besonders stark ausgebildete warzige Strukturen in ihrem Mundfeld.

Einzelne Arten der Rennfrösche werden von den Taxonomen anhand der Morphologie ihrer Kloakenwarzen sicher unterschieden. Die häufigste, im gesamten südlichen Afrika weitverbreitete, seit vielen Jahren in Terrarien erfolgreich gepflegte Species ist der Senegal-Rennfrosch *(Kassina senegalensis)*. Diese auf gelbem Grund schwarz gestreiften oder gefleckten Frösche erhielten ihren Namen durch die Fähigkeit, sehr schnell zu laufen. Sie bevölkern Savannengebiete bis in Gebirgshöhen von 1800 m. Nicht nur ein riesiges Areal, sondern auch eine überaus hohe Individuenzahl pro Fläche machen die Senegal-Rennfrösche

zu einer der häufigsten Froscharten Afrikas.

Sowohl in der Natur als auch im Terrarium sind sie tag- und nachtaktiv, wenn auch der Höhepunkt ihrer Aktivitätskurve in den Abend- und Nachtstunden liegt. Setzt während der tropischen Regenzeit die Fortpflanzungsperiode ein, wandern zunächst die Froschmännchen zu kleinen, stehenden Laichgewässern. Sie sitzen in der Ufervegetation und lassen tagsüber und insbesondere während der Dunkelheit ihren blubbernd-rülpsenden Paarungsruf ertönen.

Dabei beginnt jeweils ein Tier als Initiator mit einem „blub"-Laut, und ihm folgen dann, wie von einer Zündschnur entfacht, in regelmäßigen Abständen alle weiteren um den Tümpel herum sitzenden Männchen, bis sich der Kreis schließt. Ein solches Antwortrufen, bei dem sich ein Frosch auf das Vorrufen des anderen verläßt, wirkt sehr eigenartig und läßt sich wie eine Schall- (= Informations-) -kette auch um größere Laichgewässer herum verfolgen.

Nachdem die Männchen ihre Partnerin gefunden haben, beginnt der Laichakt, der im Wasser stattfindet und bei dem 100 bis 400 Eier von 2 mm Größe abgelegt werden, die jeweils halbseitig hell und dunkel gefärbt sind. Nach einer Woche erfolgt der Schlupf der sehr eigenartig aussehenden Larven, die vor der Metamorphose maximal 58 mm lang werden können. Ihre besondere Form rührt vom äußerst breiten Flossensaum her, der sich von der Schwanzspitze bis zu den Augen hinzieht. Die Larven sind Allesfresser; sie nehmen sowohl pflanzliche als auch tierische Nahrung an. Etwa drei Monate nach der Eiablage beginnt die Metamorphose.

Während der Aufzucht der Jungtiere füttert man kleinere Insekten, wie frisch geschlüpfte Grillenlarven

oder Schaben, aber auch einige Ameisenarten eignen sich. Die erwachsenen, bis zu 43 mm groß werdenden Senegal-Rennfrösche ernähren sich ebenso, nur sollten die Futtertiere etwas größer sein. Eine Ernährung mit Fliegen, Regenwurmstücken oder Getreideschimmelkäferlarven ist ebenfalls möglich. Als optimale Haltungstemperaturen haben sich 24 bis 30 °C sowie 90 %ige Luftfeuchtigkeit bewährt. Die oft erwähnte Toxizität dieser Art anderen Terrarienbewohnern gegenüber kann nicht bestätigt werden.

Eine weitere sehr beliebte, aber im Terrarium oft scheue und hinfällige Art ist der Gefleckte Rennfrosch (K. maculata). Auch diese, bis zu 70 mm groß werdende, Species bewohnt ein breites Areal im Süden Afrikas und wird häufig importiert. Noch mehr als der Senegal-Rennfrosch bevorzugt sie feuchte Biotope. Schon bei etwas weniger Luftfeuchtig-

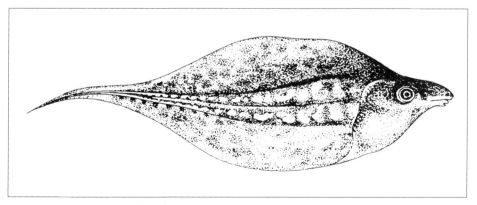

Larve des Senegal-Rennfrosches *(Kassina senegalensis)* (nach Schioz)

Gefleckter Rennfrosch *(Kassina maculata)*

keit als gewöhnlich in den Nachtstunden gegeben, verlassen diese Tiere ihre Verstecke in Blattachseln und unter Borke nicht. In den tropischen Regennächten setzt die Paarung ein, bei der ein 130 × 90 mm großes Gelege aus 2,5 mm großen Eiern an Wasserpflanzen positioniert wird. Es kann die Form eines flachen „Fladens", aber auch einer Kette haben.

Im Terrarium gelingt die Vermehrung, wenn geeignete Zuchtgruppen zur Verfügung stehen. Männchen fallen durch ihre geschwollenen Drüsenflächen an den Oberarmen auf, sie sollten in der Überzahl sein. Vor der Metamorphose erreichen die Larven 130 mm Länge und nehmen eine kopfstehende Schwimmlage ein. Nach zweieinhalb Monaten beginnt die Metamorphose.

Viele andere, oft sehr farbenfreudige Rennfroscharten gelangen nur sporadisch als einzelne Individuen in die europäischen Terrarien, beispielsweise Witte's Rennfrosch *(K. wittei)* von Sambia und Zaïre, *K. kassinoides* von Westafrika oder *K. lamottei* aus der westlichen Cote d'Ivoire. Alle ähneln einander in Aussehen und Verhalten und bewohnen äquivalente Lebensräume. Dementsprechend kann auch ein Rennfroschterrarium als feuchter, dicht bepflanzter Behälter mit einem geräumigen, ebenfalls bepflanzten Wasserteil für diese Arten eingerichtet werden.

Die ersten landlebenden Wirbeltiere, von denen bekannt ist, daß sie Gehäuseschnecken unzerkaut verschlingen, fanden Zoologen in Äthiopien. Im dortigen Mittelgebirge leben die Arten *Tornierella obscura* und *T. kouniensis*. Sie ähneln sehr den Rennfröschen, unterscheiden sich von ihnen jedoch durch den absonderlichen Kieferknochenbau und die Muskelausbildung. Diese spezielle Anatomie ermöglicht ihre seltsame Ernährungsweise. Die Fortpflanzungsweise entspricht der von Kassina, die Tiere leben aber eher in bewaldeten Biotopen.

Über das Coconbauen des in Kenia, Simbabwe, Sambia und Angola verbreiteten Waldsteigerfrosches *Leptopelis bocagei* wurde bereits berichtet. Dieser, wie auch die meisten anderen terraristisch bekannten Arten, eignet sich für die Haltung in einem halbfeuchten Terrarium mit guter Bepflanzung. Der Ruf von *L. bocagei* kann mit einem „wääb" umschrieben werden.

Meistens halten sich diese Frösche am Boden auf. Die Männchen lassen sich an ihren Kehldrüsen einfach erkennen. Ähnlich gefärbte Arten sind *L. hyloides, L. occidentalis* und *L. macrotis* von Westafrika sowie *L. cinnamomeus* aus dem Süden. Alle diese Frösche tragen braune Zeichnungselemente auf ocker- bis beigefarbenem Grund. Alle Waldsteiger-

Barbours Waldsteigerfrosch *(Leptopelis barbouri)*, eine seltene Art der kühleren Hochwälder

Wurmmuster-Waldsteigerfrosch *(Leptopelis vermicularis)* aus Westafrika

frösche fallen durch ihre größeren Augen auf, die sie nach dem Kindchenschema niedlich erscheinen lassen. Diese Eigenschaft begründete auch das terraristische Interesse an den Waldsteigerfröschen. Die am häufigsten gehaltene Art, der Braune Waldsteigerfrosch *(L. argenteus),* besitzt als Zierde kleine, unregelmäßig auf dem Rücken verteilte, weiße Punkte. Leider kennt man die Fortpflanzungsweise der Waldsteigerfrösche noch nicht genau. Die schlanken Larven erreichen 60 mm Länge vor dem

Beginn der Metamorphose, bevor sie sich zu 15 mm großen Fröschen umwandeln. Schon diese führen, wie ihre Eltern, ein streng nachtaktives Leben. Darum sind insbesondere auch in der Dunkelheit sich bewegende Insekten (zum Beispiel Motten, Schaben und Grillen) als Futter geeignet.

Gelegentlich graben sich die Tiere tagsüber in das lockere Substrat des Terrariums ein. Aus diesem Verhalten, das auch bei verpaarten Waldsteigerfröschen beobachtet worden ist, ergab sich die Vermutung, daß *Leptopelis-*

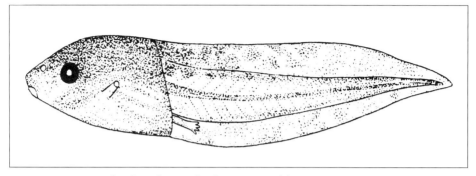

Larve von *Heterixalus betselio* (nach Blommers-Schlösser)
Vorseite:
Heterixalus rutenbergi, **eine der schönsten Arten der madagassischen Riedfrösche**

Arten ihre Eier in Bodenhöhlen able-
gen. Einige Waldsteigerfrösche eignen
sich durch ihre attraktive grüne Körperfärbung besonders als Terrarien-
pfleglinge, zum Beispiel der Grüne
Waldsteigerfrosch *(L. viridis)* aus
Westafrika, *L. vermiculatus* aus Ostafrika und der wunderschöne, weiß
gefleckte *L. ulugurensis* von den
Usambara- und Ulunguru-Bergen
Tansanias.

Alle Waldsteigerfrösche bewohnen
Waldgebiete oder Baumgruppen in
Feuchtsavannen. Nur wenige paßten
sich so wie *L. bocagei* an das Über-
dauern in Trockenzeiten an. Darum
sollte auch das Terrarienklima diesen
Lebensansprüchen entsprechen.

Sehr „junge" Terrarientiere sind die
madagassischen Riedfrösche der Gattung *Heterixalus.* Erst seit kurzer Zeit
wuchsen Kenntnisse über und Interesse an diesen Tieren. Von den bisher
am häufigsten importierten Arten,

Heterixalus betsileo, H. tricolor und
H. rutenbergi, liegen nur wenige Hal-
tungserfahrungen vor. Während die
erste, kleiner bleibende Art offensichtlich recht gut im Terrarium leben
kann, erwies sich die letztere, apart
gestreifte als hinfällig.

H. betsileo kommt in der Natur in
Feuchtsavannen vor. Die Frösche laichen in kleinere, oft temporäre, stehende Gewässer. Während der Paarung legen sie 10 bis 80 ca. 1,6 mm
große Eier in Form von Ballen an
Wasserpflanzen ab.

Die Larven erreichen vor der Metamorphose eine Länge von maximal
46 mm. Ihre Farbe ist braunschwarz.
Die Biologie von *H. rutenbergi* ist leider bisher noch unbekannt. Der Drei-
farbige Madagaskarriedfrosch *(H. tricolor)* paarte sich bereits mehrfach im
Terrarium. Bisher ist ein Ablaichen
jedoch nicht beobachtet worden. Mit
großer Wahrscheinlichkeit gelingt es

Einige Madagassische Riedfrösche: oben *Heterixalus boettgeri;*
folgende Seiten *Heterixalus betsileo* (oben links), *Hetrixalus andrakata* (unten links),
Heterixalus madagascariensis (rechts)

aber in den nächsten Jahren, einige Details der Lebensweise madagassischer Riedfrösche zu erforschen. Einige Zoologen beginnen bereits im Freiland, aber auch im Terrarium, mit der Beobachtung mehrerer *Heterixalus*-Arten, die durch ihre wunderschöne Färbung und Zeichnung zu neuen, beliebten Pfleglingen avancieren können.

133

REGISTER

(normale Ziffern deuten auf Textstellen, **halbfette Ziffern** auf Abbildungen hin)

Silber-Waldsteigerfrosch *(Leptopelis argenteus)*

ABBILDUNGSQUELLEN

Alcala, A. C.: Breeding Behavior and Early Development of Frogs of Negros, Philippine Islands. Copeia (1962) 4, 679-726

Alcala, A. C. und *W. C. Brown:* Reproductive biology of some species of *Philautus* (Rhacophoridae) and other Philippine anurans. Kalikasan Philipp. J. Brd. 11 (1982) 2-3, 203-226

Berry, P. Y.: The Amphibian Fauna of Peninsular Malaysia. Kuala Lumpur 1975

Blommers-Schlösser, R. M. A.: Observations on the Malagasy Frog Genus *Heterixalus* Laurent, 1944 (Hyperoliidae). Beaufordtia 32 (1982) 1, 1-11

Coe, M.: Observations on the ecology, and breeding biology of the genus *Chiromantis* (Amphibia: Rhacophoridae). — J. Zool. Lond. 172 (1974), 13-34

Daton, Y. (ed.): The amphibian fauna of Yunnau. Chengdu 1989.

Drewes, R. C.: Snail-eating frogs from the Ethiopian highlands: a new anutan specialization. Zool. J. Linn. Soc. 72 (1981) 3, 267-287

Drewes, R. C.: A Phylogenetic Analysis of the Hyperoliidae (Anura): Treefrogs of Africa, Madagascar, and the Seychelles Islands. — Occas. Pap. Calif. Acad. Sci. (1984) 134, 1-70

Duellman, W. E. und *L. Trueb:* Biology of Amphibia. — New York 1985

Herrmann, H.-J.: Schweben und Gleiten bei Amphibien und Reptilien. — Sauria 8 (1986) 1, 13-17

Herrmann, H.-J., und *S. Gerlach:* Froschlurche im Terrarium. Leipzig 1984

Hirschberg, W.: Frosch und Kröte in Mythos und Brauchtum. Wien 1988

Inger, R. F.: The Systematics and Zoogeography of the Amphibia of Borneo. — Fieldiana: Zoology 52 (1966), 1-385

Jiang, S., Hu, S., und *E. Zhao:* The Approach of the Phylogenetic Relationship and the Supraspecific Classification of 14 Chinese Species of Treefrogs (Rhacophoridae). Acta Herpetol. Sinica 6 (1987) 1, 27-42

Kirtisinghe, P.: The Amphibia of Ceylon. — Colombo 1957

Liem, S. S.: The Morphology, Systematics, and Evolution of the old world Treefrogs. — Fieldiana 57 (1970), 1-145

Marcus, L. C.: Veterinary Biology and Medicine of Captive Amphibians and Reptiles. — Philadelphia 1981

Mattison, C.: The Care of Reptiles and Amphibians in Captivity. — Blomford 1982

Okada, Y.: Fauna Japonica, Anura (Amphibia). — Tokyo 1966

Schioz, A.: The Treefrogs (Rhacophoridae) of West Africa. — Spolia zool. Mus. haun. 25 (1967) 1-346

Schioz, A.: The superspecies *Hyperolius viridiflavus* (Anura). — Videnskabelige Medd. Naturhist. For. 134 (1971), 21-76

Schioz, A.: The Treefrogs of Eastern Africa. — Steenstrupia, Copenhagen 1975

Steinigweg, T.: Vergleichende Untersuchungen zur Ontogenese und Ökoetheologie indischer Anuren. — Staatsexamensarbeit. Zool. Inst. Münster 1984

Wager, V. A.: The frogs of South Africa. — Cape Town, Johannesburg 1965

Withers, P., Louw, G., und *S. Nicolson:* Water Loss, Oxygen Consumption and Colour Change in „Water-proof" Reed Frogs *(Hyperolius).* — South African J. Sci. 78 (1982) 30-32

Ye, C., und *S. Hu:* A New Species of *Philautus* (Anura: Rhacophoridae) From Xizang Autonomous Region. — Acta Herpetol. Sinica 3 (1984) 4, 67-69

Zimmermann, H., und *E. Zimmermann:* Mindestanforderungen für eine artgerechte Haltung einiger tropischer Anurenarten. — Z. Kölner Zoo 30 (1987) 2, 61-71

143

Der Autor

Hans-Joachim Herrmann wurde 1958 in Gotha geboren. Schon im dritten Lebensjahr begann er sich für Tiere zu interessieren; er erhielt sein erstes Aquarium und fing Molche in Wassergräben. Das aquaristische und terraristische Hobby begleitet ihn bis heute.

Aber auch der Beruf sollte zoologische Orientierung erhalten. Hans-Joachim Herrmann schloß 1983 sein fünfjähriges Studium an der Ernst-Moritz-Arndt-Universität zu Greifswald als Diplom-Biologe ab. Nach einem Forschungsaufenthalt am Moskauer Severzov-Institut war er als Abteilungsleiter im Zoologischen Garten Dresden tätig. 1986 erhielt er die Berufung zum Direktor des Naturhistorischen Museums Schloß Bertholdsburg zu Schleusingen. In dieser Institution baute er ein in seinem Artenbestand weltweit einmaliges Amphibien-Vivarium auf. Die darin gehaltenen Tiere dienten nicht nur einer attraktiven Exposition, sondern ebenfalls der Forschung. Arterhaltungszuchtprogramme und verhaltensbiologische Studien prägten die Arbeiten mit den Amphibien.

In mehreren Expeditionsreisen, beispielsweise nach China und Sachalin, lernte Hans-Joachim Herrmann Lebensräume von Tieren und Pflanzen kennen, die er auch in seinen Aquarien und Terrarien pflegt.

In seinen mehr als 250 populärwissenschaftlichen und wissenschaftlichen Publikationen, darunter sechs Bücher, werden viele neue Erkenntnisse über die Biologie der Amphibien, aber auch allgemeine herpetologische und vivaristische Fragen, neue Daten über die Meeresaquaristik und Themen zur Ethik des Naturschutzes vorgestellt. Seine besondere Liebe gilt der Fotografie. Seine Bilder findet man in manchem Kalender oder Bildband.

Die wissenschaftlichen Arbeiten betreffen insbesondere Unken, Braunfrösche und Zungenlose, aber auch einige Kröten- und Schwanzlurcharten, deren Mikromorphologie, Ökologie oder Verhaltensbiologie erforscht wurden. Hans-Joachim Herrmann promovierte 1992 zum Doktor rerum naturalium mit einem amphibienkundlichen Thema.